LETS

WOORDENSCHAT

THEMATISCHE WOORDENLIJST

NEDERLANDS LETS

De meest bruikbare woorden
Om uw woordenschat uit te breiden en
uw taalvaardigheid aan te scherpen

5000 woorden

Thematische woordenschat Nederlands-Lets - 5000 woorden
Door Andrey Taranov

Woordenlijsten van T&P Books zijn bedoeld om u woorden van een vreemde taal te helpen leren, onthouden, en bestudering. Dit woordenboek is ingedeeld in thema's en behandelt alle belangrijk terreinen van het dagelijkse leven, bedrijven, wetenschap, cultuur, etc.

Het proces van het leren van woorden met behulp van de op thema's gebaseerde aanpak van T&P Books biedt u de volgende voordelen:

- Correct gegroepeerde informatie is bepalend voor succes bij opeenvolgende stadia van het leren van woorden
- De beschikbaarheid van woorden die van dezelfde stam zijn maakt het mogelijk om woordgroepen te onthouden (in plaats van losse woorden)
- Kleine groepen van woorden faciliteren het proces van het aanmaken van associatieve verbindingen, die nodig zijn bij het consolideren van de woordenschat
- Het niveau van talenkennis kan worden ingeschat door het aantal geleerde woorden

T&P Books Publishing
www.tpbooks.com

ISBN: 978-1-78492-347-1

Dit boek is ook beschikbaar in e-boek formaat.
Gelieve www.tpbooks.com te bezoeken of de belangrijkste online boekwinkels.

LETSE WOORDENSCHAT
nieuwe woorden leren

T&P Books woordenlijsten zijn bedoeld om u te helpen vreemde woorden te leren, te onthouden, en te bestuderen. De woordenschat bevat meer dan 5000 veel gebruikte woorden die thematisch geordend zijn.

- De woordenlijst bevat de meest gebruikte woorden
- Aanbevolen als aanvulling bij welke taalcursus dan ook
- Voldoet aan de behoeften van de beginnende en gevorderde student in vreemde talen
- Geschikt voor dagelijks gebruik, bestudering en zelftestactiviteiten
- Maakt het mogelijk om uw woordenschat te evalueren

Bijzondere kenmerken van de woordenschat

- De woorden zijn gerangschikt naar hun betekenis, niet volgens alfabet
- De woorden worden weergegeven in drie kolommen om bestudering en zelftesten te vergemakkelijken
- Woorden in groepen worden verdeeld in kleine blokken om het leerproces te vergemakkelijken
- De woordenschat biedt een handige en eenvoudige beschrijving van elk buitenlands woord

De woordenschat bevat 155 onderwerpen zoals:

Basisconcepten, getallen, kleuren, maanden, seizoenen, meeteenheden, kleding en accessoires, eten & voeding, restaurant, familieleden, verwanten, karakter, gevoelens, emoties, ziekten, stad, dorp, bezienswaardigheden, winkelen, geld, huis, thuis, kantoor, werken op kantoor, import & export, marketing, werk zoeken, sport, onderwijs, computer, internet, gereedschap, natuur, landen, nationaliteiten en meer ...

INHOUDSOPGAVE

UITSPRAAKGIDS

Letter	Lets voorbeeld	T&P fonetisch alfabet	Nederlands voorbeeld

Klinkers

Letter	Lets voorbeeld	T&P fonetisch alfabet	Nederlands voorbeeld
A a	adata	[ɑ]	acht
Ā ā	ābols	[ɑ:]	maart
E e	egle	[e], [æ]	kort, als in bed
Ē ē	ērglis	[e:], [æ:]	lang, als in feest
I i	izcelsme	[i]	bidden, tint
Ī ī	īpašums	[i:]	team, portier
O o	okeāns	[o], [o:]	aankomst, rood
U u	ubags	[u]	hoed, doe
Ū ū	ūdens	[u:]	fuut, uur

Medeklinkers

Letter	Lets voorbeeld	T&P fonetisch alfabet	Nederlands voorbeeld
B b	bads	[b]	hebben
C c	cālis	[ʦ]	niets, plaats
Č č	čaumala	[ʧ]	Tsjechië, cello
D d	dambis	[d]	Dank u, honderd
F f	flauta	[f]	feestdag, informeren
G g	gads	[g]	goal, tango
Ģ ģ	ģitāra	[dʲ]	paadje, haarspeldje
H h	haizivs	[h]	het, herhalen
J j	janvāris	[j]	New York, januari
K k	kabata	[k]	kennen, kleur
Ķ ķ	ķilava	[tʲ/ʧʲ]	als in tjemig, Engels - cute
L l	labība	[l]	delen, luchter
Ļ ļ	ļaudis	[ʎ]	biljet, morille
M m	magone	[m]	morgen, etmaal
N n	nauda	[n]	nemen, zonder
Ņ ņ	ņaudēt	[ɲ]	cognac, nieuw
P p	pakavs	[p]	parallel, koper
R r	ragana	[r]	roepen, breken
S s	sadarbība	[s]	spreken, kosten
Š š	šausmas	[ʃ]	shampoo, machine
T t	tabula	[t]	tomaat, taart
V v	vabole	[v]	beloven, schrijven

Letter	Lets voorbeeld	T&P fonetisch alfabet	Nederlands voorbeeld
Z z	**zaglis**	[z]	zeven, zesde
Ž ž	**žagata**	[ʒ]	journalist, rouge

Opmerkingen

- Letters **Qq, Ww, Xx, Yy** alleen gebruikt in leenwoorden
- Het standaard Lets en, op een paar kleine uitzonderingen na, alle Letse dialecten hebben vaste initiële nadruk.

AFKORTINGEN gebruikt in de woordenschat

Nederlandse afkortingen

abn	-	als bijvoeglijk naamwoord
bijv.	-	bijvoorbeeld
bn	-	bijvoeglijk naamwoord
bw	-	bijwoord
enk.	-	enkelvoud
enz.	-	enzovoort
form.	-	formele taal
inform.	-	informele taal
mann.	-	mannelijk
mil.	-	militair
mv.	-	meervoud
on.ww.	-	onovergankelijk werkwoord
ontelb.	-	ontelbaar
ov.	-	over
ov.ww.	-	overgankelijk werkwoord
telb.	-	telbaar
vn	-	voornaamwoord
vrouw.	-	vrouwelijk
vw	-	voegwoord
vz	-	voorzetsel
wisk.	-	wiskunde
ww	-	werkwoord

Nederlandse artikelen

de	-	gemeenschappelijk geslacht
de/het	-	gemeenschappelijk geslacht, onzijdig
het	-	onzijdig

Letse afkortingen

s	-	vrouwelijk zelfstandig naamwoord
s dsk	-	vrouwelijk meervoud
v, s	-	mannelijk, vrouwelijk
v	-	mannelijk zelfstandig naamwoord
v dsk	-	mannelijk meervoud

BASISBEGRIPPEN

Basisbegrippen Deel 1

1. Voornaamwoorden

ik	**es**	[es]
jij, je	**tu**	[tu]
hij	**viņš**	[viɲʃ]
zij, ze	**viņa**	[viɲa]
het	**tas**	[tas]
wij, we	**mēs**	[me:s]
jullie	**jūs**	[ju:s]
zij, ze	**viņi**	[viɲi]

2. Begroetingen. Begroetingen. Afscheid

Hallo! Dag!	**Sveiki!**	[svɛiki!]
Hallo!	**Esiet sveicināts!**	[ɛsiɛt svɛitsina:ts!]
Goedemorgen!	**Labrīt!**	[labri:t!]
Goedemiddag!	**Labdien!**	[labdiɛn!]
Goedenavond!	**Labvakar!**	[labvakar!]
gedag zeggen (groeten)	**sveicināt**	[svɛitsina:t]
Hoi!	**Čau!**	[tʃau!]
groeten (het)	**sveiciens** (v)	[svɛitsiɛns]
verwelkomen (ww)	**pasveicināt**	[pasvɛitsina:t]
Hoe gaat het?	**Kā iet?**	[ka: iɛt?]
Is er nog nieuws?	**Kas jauns?**	[kas jauns?]
Tot ziens! (form.)	**Uz redzēšanos!**	[uz redze:ʃanɔs!]
Doei!	**Atā!**	[ata:!]
Tot snel! Tot ziens!	**Uz tikšanos!**	[uz tikʃanɔs!]
Vaarwel!	**Ardievu!**	[ardiɛvu!]
afscheid nemen (ww)	**atvadīties**	[atvadi:tiɛs]
Tot kijk!	**Nu tad pagaidām!**	[nu tad pagaida:m!]
Dank u!	**Paldies!**	[paldiɛs!]
Dank u wel!	**Liels paldies!**	[liɛls paldiɛs!]
Graag gedaan	**Lūdzu**	[lu:dzu]
Geen dank!	**Nav par ko**	[nav par kɔ]
Geen moeite.	**Nav par ko**	[nav par kɔ]
Excuseer me, ... (inform.)	**Atvaino!**	[atvainɔ!]
Excuseer me, ... (form.)	**Atvainojiet!**	[atvainɔjiɛt!]

excuseren (verontschuldigen)	**piedot**	[piɛdɔt]
zich verontschuldigen	**atvainoties**	[atvainɔtiɛs]
Mijn excuses.	**Es atvainojos**	[es atvainɔjɔs]
Het spijt me!	**Piedodiet!**	[piɛdɔdiɛt!]
vergeven (ww)	**piedot**	[piɛdɔt]
Maakt niet uit!	**Tas nekas**	[tas nɛkas]
alsjeblieft	**lūdzu**	[lu:dzu]
Vergeet het niet!	**Neaizmirstiet!**	[neaizmirstiɛt!]
Natuurlijk!	**Protams!**	[prɔtams!]
Natuurlijk niet!	**Protams, ka nē!**	[prɔtams, ka ne:!]
Akkoord!	**Piekrītu!**	[piɛkri:tu!]
Zo is het genoeg!	**Pietiek!**	[piɛtiɛk!]

3. Hoe aan te spreken

meneer	**Kungs**	[kuŋgs]
mevrouw	**Kundze**	[kundze]
juffrouw	**Jaunkundze**	[jaunkundze]
jongeman	**Jaunskungs**	[jaunskuŋgs]
jongen	**puisēns**	[puise:ns]
meisje	**meitene**	[mɛitɛne]

4. Kardinale getallen. Deel 1

nul	**nulle**	[nulle]
een	**viens**	[viɛns]
twee	**divi**	[divi]
drie	**trīs**	[tri:s]
vier	**četri**	[tʃetri]
vijf	**pieci**	[piɛtsi]
zes	**seši**	[seʃi]
zeven	**septiņi**	[septiɲi]
acht	**astoņi**	[astɔɲi]
negen	**deviņi**	[deviɲi]
tien	**desmit**	[desmit]
elf	**vienpadsmit**	[viɛnpadsmit]
twaalf	**divpadsmit**	[divpadsmit]
dertien	**trīspadsmit**	[tri:spadsmit]
veertien	**četrpadsmit**	[tʃetrpadsmit]
vijftien	**piecpadsmit**	[piɛtspadsmit]
zestien	**sešpadsmit**	[seʃpadsmit]
zeventien	**septiņpadsmit**	[septiɲpadsmit]
achttien	**astoņpadsmit**	[astɔɲpadsmit]
negentien	**deviņpadsmit**	[deviɲpadsmit]
twintig	**divdesmit**	[divdesmit]
eenentwintig	**divdesmit viens**	[divdesmit viɛns]
tweeëntwintig	**divdesmit divi**	[divdesmit divi]

drieëntwintig	**divdesmit trīs**	[divdesmit tri:s]
dertig	**trīsdesmit**	[tri:sdesmit]
eenendertig	**trīsdesmit viens**	[tri:sdesmit viɛns]
tweeëndertig	**trīsdesmit divi**	[tri:sdesmit divi]
drieëndertig	**trīsdesmit trīs**	[tri:sdesmit tri:s]
veertig	**četrdesmit**	[tʃetrdesmit]
eenenveertig	**četrdesmit viens**	[tʃetrdesmit viɛns]
tweeënveertig	**četrdesmit divi**	[tʃetrdesmit divi]
drieënveertig	**četrdesmit trīs**	[tʃetrdesmit tri:s]
vijftig	**piecdesmit**	[piɛtsdesmit]
eenenvijftig	**piecdesmit viens**	[piɛtsdesmit viɛns]
tweeënvijftig	**piecdesmit divi**	[piɛtsdesmit divi]
drieënvijftig	**piecdesmit trīs**	[piɛtsdesmit tri:s]
zestig	**sešdesmit**	[seʃdesmit]
eenenzestig	**sešdesmit viens**	[seʃdesmit viɛns]
tweeënzestig	**sešdesmit divi**	[seʃdesmit divi]
drieënzestig	**sešdesmit trīs**	[seʃdesmit tri:s]
zeventig	**septiņdesmit**	[septiɲdesmit]
eenenzeventig	**septiņdesmit viens**	[septiɲdesmit viɛns]
tweeënzeventig	**septiņdesmit divi**	[septiɲdesmit divi]
drieënzeventig	**septiņdesmit trīs**	[septiɲdesmit tri:s]
tachtig	**astoņdesmit**	[astɔɲdesmit]
eenentachtig	**astoņdesmit viens**	[astɔɲdesmit viɛns]
tweeëntachtig	**astoņdesmit divi**	[astɔɲdesmit divi]
drieëntachtig	**astoņdesmit trīs**	[astɔɲdesmit tri:s]
negentig	**deviņdesmit**	[deviɲdesmit]
eenennegentig	**deviņdesmit viens**	[deviɲdesmit viɛns]
tweeënnegentig	**deviņdesmit divi**	[deviɲdesmit divi]
drieënnegentig	**deviņdesmit trīs**	[deviɲdesmit tri:s]

5. Kardinale getallen. Deel 2

honderd	**simts**	[simts]
tweehonderd	**divsimt**	[divsimt]
driehonderd	**trīssimt**	[tri:simt]
vierhonderd	**četrsimt**	[tʃetrsimt]
vijfhonderd	**piecsimt**	[piɛtsimt]
zeshonderd	**sešsimt**	[seʃsimt]
zevenhonderd	**septiņsimt**	[septiɲsimt]
achthonderd	**astoņsimt**	[astɔɲsimt]
negenhonderd	**deviņsimt**	[deviɲsimt]
duizend	**tūkstotis**	[tu:kstɔtis]
tweeduizend	**divi tūkstoši**	[divi tu:kstɔʃi]
drieduizend	**trīs tūkstoši**	[tri:s tu:kstɔʃi]
tienduizend	**desmit tūkstoši**	[desmit tu:kstɔʃi]
honderdduizend	**simt tūkstoši**	[simt tu:kstɔʃi]

miljoen (het)	**miljons** (v)	[miljɔns]
miljard (het)	**miljards** (v)	[miljards]

6. Ordinale getallen

eerste (bn)	**pirmais**	[pirmais]
tweede (bn)	**otrais**	[ɔtrais]
derde (bn)	**trešais**	[treʃais]
vierde (bn)	**ceturtais**	[tsɛturtais]
vijfde (bn)	**piektais**	[piɛktais]
zesde (bn)	**sestais**	[sestais]
zevende (bn)	**septītais**	[septi:tais]
achtste (bn)	**astotais**	[astɔtais]
negende (bn)	**devītais**	[devi:tais]
tiende (bn)	**desmitais**	[desmitais]

7. Getallen. Breuken

breukgetal (het)	**daļskaitlis** (v)	[dalʲskaitlis]
half	**puse**	[puse]
een derde	**viena trešdaļa**	[viɛna treʃdalʲa]
kwart	**viena ceturtdaļa**	[viɛna tsɛturtdalʲa]
een achtste	**viena astotā**	[viɛna astɔta:]
een tiende	**viena desmitā**	[viɛna desmita:]
twee derde	**divas trešdaļas**	[divas treʃdalʲas]
driekwart	**trīs ceturtdaļas**	[tri:s tsɛturtdalʲas]

8. Getallen. Eenvoudige berekeningen

aftrekking (de)	**atņemšana** (s)	[atɲemʃana]
aftrekken (ww)	**atņemt**	[atɲemt]
deling (de)	**dalīšana** (s)	[dali:ʃana]
delen (ww)	**dalīt**	[dali:t]
optelling (de)	**saskaitīšana** (s)	[saskaiti:ʃana]
erbij optellen (bij elkaar voegen)	**saskaitīt**	[saskaiti:t]
optellen (ww)	**pieskaitīt**	[piɛskaiti:t]
vermenigvuldiging (de)	**reizināšana** (s)	[rɛizina:ʃana]
vermenigvuldigen (ww)	**reizināt**	[rɛizina:t]

9. Getallen. Diversen

cijfer (het)	**cipars** (v)	[tsipars]
nummer (het)	**skaitlis** (v)	[skaitlis]
telwoord (het)	**numerālis** (v)	[numɛra:lis]

minteken (het)	**mīnuss** (v)	[mi:nus]
plusteken (het)	**pluss** (v)	[plus]
formule (de)	**formula** (s)	[fɔrmula]
berekening (de)	**aprēķināšana** (s)	[apre:tʲina:ʃana]
tellen (ww)	**skaitīt**	[skaiti:t]
bijrekenen (ww)	**sarēķināt**	[sare:tʲina:t]
vergelijken (ww)	**salīdzināt**	[sali:dzina:t]
Hoeveel? (ontelb.)	**Cik?**	[tsik?]
Hoeveel? (telb.)	**Cik daudz?**	[tsik daudz?]
som (de), totaal (het)	**summa** (s)	[summa]
uitkomst (de)	**rezultāts** (v)	[rɛzulta:ts]
rest (de)	**atlikums** (v)	[atlikums]
enkele (bijv. ~ minuten)	**daži**	[daʒi]
weinig (bw)	**maz ...**	[maz ...]
weinig (telb.)	**daži**	[daʒi]
restant (het)	**pārējais**	[pa:re:jais]
anderhalf	**pusotra**	[pusɔtra]
dozijn (het)	**ducis** (v)	[dutsis]
middendoor (bw)	**uz pusēm**	[uz puse:m]
even (bw)	**vienlīdzīgi**	[viɛnli:dzi:gi]
helft (de)	**puse** (s)	[puse]
keer (de)	**reize** (s)	[rɛize]

10. De belangrijkste werkwoorden. Deel 1

aanbevelen (ww)	**ieteikt**	[iɛtɛikt]
aandringen (ww)	**uzstāt**	[uzsta:t]
aankomen (per auto, enz.)	**atbraukt**	[atbraukt]
aanraken (ww)	**pieskarties**	[piɛskartiɛs]
adviseren (ww)	**dot padomu**	[dɔt padɔmu]
afdalen (on.ww.)	**nokāpt**	[nɔka:pt]
afslaan (naar rechts ~)	**pagriezties**	[pagriɛztiɛs]
antwoorden (ww)	**atbildēt**	[atbilde:t]
bang zijn (ww)	**baidīties**	[baidi:tiɛs]
bedreigen (bijv. met een pistool)	**draudēt**	[draude:t]
bedriegen (ww)	**krāpt**	[kra:pt]
beëindigen (ww)	**beigt**	[bɛigt]
beginnen (ww)	**sākt**	[sa:kt]
begrijpen (ww)	**saprast**	[saprast]
beheren (managen)	**vadīt**	[vadi:t]
beledigen (met scheldwoorden)	**aizvainot**	[aizvainɔt]
beloven (ww)	**solīt**	[sɔli:t]
bereiden (koken)	**gatavot**	[gatavɔt]
bespreken (spreken over)	**apspriest**	[apspriɛst]

bestellen (eten ~)	**pasūtīt**	[pasu:ti:t]
bestraffen (een stout kind ~)	**sodīt**	[sɔdi:t]
betalen (ww)	**maksāt**	[maksa:t]
betekenen (beduiden)	**nozīmēt**	[nɔzi:me:t]
betreuren (ww)	**nožēlot**	[nɔʒe:lɔt]
bevallen (prettig vinden)	**patikt**	[patikt]
bevelen (mil.)	**pavēlēt**	[pavɛ:le:t]
bevrijden (stad, enz.)	**atbrīvot**	[atbri:vɔt]
bewaren (ww)	**uzglabāt**	[uzglaba:t]
bezitten (ww)	**pārvaldīt**	[pa:rvaldi:t]
bidden (praten met God)	**lūgties**	[lu:gtiɛs]
binnengaan (een kamer ~)	**ieiet**	[iɛiɛt]
breken (ww)	**lauzt**	[lauzt]
controleren (ww)	**kontrolēt**	[kɔntrɔle:t]
creëren (ww)	**izveidot**	[izvɛidɔt]
deelnemen (ww)	**piedalīties**	[piɛdali:tiɛs]
denken (ww)	**domāt**	[dɔma:t]
doden (ww)	**nogalināt**	[nɔgalina:t]
doen (ww)	**darīt**	[dari:t]
dorst hebben (ww)	**gribēt dzert**	[gribe:t dzert]

11. De belangrijkste werkwoorden. Deel 2

een hint geven	**dot mājienu**	[dɔt ma:jiɛnu]
eisen (met klem vragen)	**prasīt**	[prasi:t]
excuseren (vergeven)	**piedot**	[piɛdɔt]
existeren (bestaan)	**eksistēt**	[eksiste:t]
gaan (te voet)	**iet**	[iɛt]
gaan zitten (ww)	**sēsties**	[se:stiɛs]
gaan zwemmen	**peldēties**	[pelde:tiɛs]
geven (ww)	**dot**	[dɔt]
glimlachen (ww)	**smaidīt**	[smaidi:t]
goed raden (ww)	**uzminēt**	[uzmine:t]
grappen maken (ww)	**jokot**	[jɔkɔt]
graven (ww)	**rakt**	[rakt]
helpen (ww)	**palīdzēt**	[pali:dze:t]
herhalen (opnieuw zeggen)	**atkārtot**	[atka:rtɔt]
honger hebben (ww)	**gribēt ēst**	[gribe:t e:st]
hopen (ww)	**cerēt**	[tsɛre:t]
horen (waarnemen met het oor)	**dzirdēt**	[dzirde:t]
huilen (wenen)	**raudāt**	[rauda:t]
huren (huis, kamer)	**īrēt**	[i:re:t]
informeren (informatie geven)	**informēt**	[infɔrme:t]
instemmen (akkoord gaan)	**piekrist**	[piɛkrist]
jagen (ww)	**medīt**	[medi:t]

kennen (kennis hebben van iemand)	**pazīt**	[pazi:t]
kiezen (ww)	**izvēlēties**	[izvɛ:le:tiɛs]
klagen (ww)	**sūdzēties**	[su:dze:tiɛs]
kosten (ww)	**maksāt**	[maksa:t]
kunnen (ww)	**spēt**	[spe:t]
lachen (ww)	**smieties**	[smiɛtiɛs]
laten vallen (ww)	**nomest**	[nɔmest]
lezen (ww)	**lasīt**	[lasi:t]
liefhebben (ww)	**mīlēt**	[mi:le:t]
lunchen (ww)	**pusdienot**	[pusdiɛnɔt]
nemen (ww)	**ņemt**	[ɲemt]
nodig zijn (ww)	**būt vajadzīgam**	[bu:t vajadzi:gam]

12. De belangrijkste werkwoorden. Deel 3

onderschatten (ww)	**par zemu vērtēt**	[par zɛmu ve:rte:t]
ondertekenen (ww)	**parakstīt**	[paraksti:t]
ontbijten (ww)	**brokastot**	[brɔkastɔt]
openen (ww)	**atvērt**	[atve:rt]
ophouden (ww)	**pārtraukt**	[pa:rtraukt]
opmerken (zien)	**pamanīt**	[pamani:t]
opscheppen (ww)	**lielīties**	[liɛli:tiɛs]
opschrijven (ww)	**pierakstīt**	[piɛraksti:t]
plannen (ww)	**plānot**	[pla:nɔt]
prefereren (verkiezen)	**dot priekšroku**	[dɔt priɛkʃrɔku]
proberen (trachten)	**mēģināt**	[me:dʲina:t]
redden (ww)	**glābt**	[gla:bt]
rekenen op ...	**paļauties uz ...**	[palʲauties uz ...]
rennen (ww)	**skriet**	[skriɛt]
reserveren (een hotelkamer ~)	**rezervēt**	[rɛzerve:t]
roepen (om hulp)	**saukt**	[saukt]
schieten (ww)	**šaut**	[ʃaut]
schreeuwen (ww)	**kliegt**	[kliɛgt]
schrijven (ww)	**rakstīt**	[raksti:t]
souperen (ww)	**vakariņot**	[vakariɲɔt]
spelen (kinderen)	**spēlēt**	[spɛ:le:t]
spreken (ww)	**runāt**	[runa:t]
stelen (ww)	**zagt**	[zagt]
stoppen (pauzeren)	**apstāties**	[apsta:tiɛs]
studeren (Nederlands ~)	**pētīt**	[pe:ti:t]
sturen (zenden)	**sūtīt**	[su:ti:t]
tellen (optellen)	**sarēķināt**	[sare:tʲina:t]
toebehoren ...	**piederēt**	[piɛdɛre:t]
toestaan (ww)	**atļaut**	[atlʲaut]
tonen (ww)	**parādīt**	[para:di:t]
twijfelen (onzeker zijn)	**šaubīties**	[ʃaubi:tiɛs]

uitgaan (ww)	**iziet**	[iziɛt]
uitnodigen (ww)	**ielūgt**	[iɛlu:gt]
uitspreken (ww)	**izrunāt**	[izruna:t]
uitvaren tegen (ww)	**lamāt**	[lama:t]

13. De belangrijkste werkwoorden. Deel 4

vallen (ww)	**krist**	[krist]
vangen (ww)	**ķert**	[tʲert]
veranderen (anders maken)	**mainīt**	[maini:t]
verbaasd zijn (ww)	**brīnīties**	[bri:ni:tiɛs]
verbergen (ww)	**slēpt**	[sle:pt]
verdedigen (je land ~)	**aizstāvēt**	[aizsta:ve:t]
verenigen (ww)	**apvienot**	[apviɛnɔt]
vergelijken (ww)	**salīdzināt**	[sali:dzina:t]
vergeten (ww)	**aizmirst**	[aizmirst]
vergeven (ww)	**piedot**	[piɛdɔt]
verklaren (uitleggen)	**paskaidrot**	[paskaidrɔt]
verkopen (per stuk ~)	**pārdot**	[pa:rdɔt]
vermelden (praten over)	**pieminēt**	[piɛmine:t]
versieren (decoreren)	**izrotāt**	[izrɔta:t]
vertalen (ww)	**tulkot**	[tulkɔt]
vertrouwen (ww)	**uzticēt**	[uztitse:t]
vervolgen (ww)	**turpināt**	[turpina:t]
verwarren (met elkaar ~)	**sajaukt**	[sajaukt]
verzoeken (ww)	**lūgt**	[lu:gt]
verzuimen (school, enz.)	**kavēt**	[kave:t]
vinden (ww)	**atrast**	[atrast]
vliegen (ww)	**lidot**	[lidɔt]
volgen (ww)	**sekot ...**	[sekɔt ...]
voorstellen (ww)	**piedāvāt**	[piɛda:va:t]
voorzien (verwachten)	**paredzēt**	[paredze:t]
vragen (ww)	**jautāt**	[jauta:t]
waarnemen (ww)	**novērot**	[nɔve:rɔt]
waarschuwen (ww)	**brīdināt**	[bri:dina:t]
wachten (ww)	**gaidīt**	[gaidi:t]
weerspreken (ww)	**iebilst**	[iɛbilst]
weigeren (ww)	**atteikties**	[attɛiktiɛs]
werken (ww)	**strādāt**	[stra:da:t]
weten (ww)	**zināt**	[zina:t]
willen (verlangen)	**gribēt**	[gribe:t]
zeggen (ww)	**teikt**	[tɛikt]
zich haasten (ww)	**steigties**	[stɛigtiɛs]
zich interesseren voor ...	**interesēties**	[intɛrɛse:tiɛs]
zich vergissen (ww)	**kļūdīties**	[klʲu:di:tiɛs]
zich verontschuldigen	**atvainoties**	[atvainɔtiɛs]
zien (ww)	**redzēt**	[redze:t]

zoeken (ww)	**meklēt ...**	[mekle:t ...]
zwemmen (ww)	**peldēt**	[pelde:t]
zwijgen (ww)	**klusēt**	[kluse:t]

14. Kleuren

kleur (de)	**krāsa** (s)	[kra:sa]
tint (de)	**nokrāsa** (s)	[nɔkra:sa]
kleurnuance (de)	**tonis** (v)	[tɔnis]
regenboog (de)	**varavīksne** (s)	[varavi:ksne]
wit (bn)	**balts**	[balts]
zwart (bn)	**melns**	[melns]
grijs (bn)	**pelēks**	[pɛle:ks]
groen (bn)	**zaļš**	[zalʲʃ]
geel (bn)	**dzeltens**	[dzeltens]
rood (bn)	**sarkans**	[sarkans]
blauw (bn)	**zils**	[zils]
lichtblauw (bn)	**gaiši zils**	[gaiʃi zils]
roze (bn)	**rozā**	[rɔza:]
oranje (bn)	**oranžs**	[ɔranʒs]
violet (bn)	**violets**	[viɔlets]
bruin (bn)	**brūns**	[bru:ns]
goud (bn)	**zelta**	[zelta]
zilverkleurig (bn)	**sudrabains**	[sudrabains]
beige (bn)	**bēšs**	[be:ʃs]
roomkleurig (bn)	**krēmkrāsas**	[kre:mkra:sas]
turkoois (bn)	**zilganzaļš**	[zilganzalʲʃ]
kersrood (bn)	**ķiršu brīns**	[tʲirʃu bri:ns]
lila (bn)	**lillā**	[lilla:]
karmijnrood (bn)	**aveņkrāsas**	[aveɲkra:sas]
licht (bn)	**gaišs**	[gaiʃs]
donker (bn)	**tumšs**	[tumʃs]
fel (bn)	**spilgts**	[spilgts]
kleur-, kleurig (bn)	**krāsains**	[kra:sains]
kleuren- (abn)	**krāsains**	[kra:sains]
zwart-wit (bn)	**melnbalts**	[melnbalts]
eenkleurig (bn)	**vienkrāsains**	[viɛnkra:sains]
veelkleurig (bn)	**daudzkrāsains**	[daudzkra:sains]

15. Vragen

Wie?	**Kas?**	[kas?]
Wat?	**Kas?**	[kas?]
Waar?	**Kur?**	[kur?]
Waarheen?	**Uz kurieni?**	[uz kuriɛni?]

Waar ... vandaan?	**No kurienes?**	[nɔ kuriɛnes?]
Wanneer?	**Kad?**	[kad?]
Waarom?	**Kādēļ?**	[ka:de:lʲ?]
Waarom?	**Kāpēc?**	[ka:pe:ts?]
Waarvoor dan ook?	**Kam?**	[kam?]
Hoe?	**Kā?**	[ka:?]
Wat voor ...?	**Kāds?**	[ka:ds?]
Welk?	**Kurš?**	[kurʃ?]
Aan wie?	**Kam?**	[kam?]
Over wie?	**Par kuru?**	[par kuru?]
Waarover?	**Par ko?**	[par kɔ?]
Met wie?	**Ar ko?**	[ar kɔ?]
Hoeveel? (ontelb.)	**Cik?**	[tsik?]
Van wie?	**Kura? Kuras? Kuru?**	[kura?], [kuras?], [kuru?]

16. Voorzetsels

met (bijv. ~ beleg)	**ar**	[ar]
zonder (~ accent)	**bez**	[bez]
naar (in de richting van)	**uz**	[uz]
over (praten ~)	**par**	[par]
voor (in tijd)	**pirms**	[pirms]
voor (aan de voorkant)	**priekšā**	[priɛkʃa:]
onder (lager dan)	**zem**	[zem]
boven (hoger dan)	**virs**	[virs]
op (bovenop)	**uz**	[uz]
van (uit, afkomstig van)	**no**	[nɔ]
van (gemaakt van)	**no**	[nɔ]
over (bijv. ~ een uur)	**pēc**	[pe:ts]
over (over de bovenkant)	**caur**	[tsaur]

17. Functiewoorden. Bijwoorden. Deel 1

Waar?	**Kur?**	[kur?]
hier (bw)	**šeit**	[ʃɛit]
daar (bw)	**tur**	[tur]
ergens (bw)	**kaut kur**	[kaut kur]
nergens (bw)	**nekur**	[nɛkur]
bij ... (in de buurt)	**pie ...**	[piɛ ...]
bij het raam	**pie loga**	[piɛ lɔga]
Waarheen?	**Uz kurieni?**	[uz kuriɛni?]
hierheen (bw)	**šurp**	[ʃurp]
daarheen (bw)	**turp**	[turp]
hiervandaan (bw)	**no šejienes**	[nɔ ʃejiɛnes]

daarvandaan (bw)	**no turienes**	[nɔ turiɛnes]
dichtbij (bw)	**tuvu**	[tuvu]
ver (bw)	**tālu**	[ta:lu]
in de buurt (van ...)	**pie**	[piɛ]
vlakbij (bw)	**blakus**	[blakus]
niet ver (bw)	**netālu**	[nɛta:lu]
linker (bn)	**kreisais**	[krɛisais]
links (bw)	**pa kreisi**	[pa krɛisi]
linksaf, naar links (bw)	**pa kreisi**	[pa krɛisi]
rechter (bn)	**labais**	[labais]
rechts (bw)	**pa labi**	[pa labi]
rechtsaf, naar rechts (bw)	**pa labi**	[pa labi]
vooraan (bw)	**priekšā**	[priɛkʃa:]
voorste (bn)	**priekšējs**	[priɛkʃe:js]
vooruit (bw)	**uz priekšu**	[uz priɛkʃu]
achter (bw)	**mugurpusē**	[mugurpuse:]
van achteren (bw)	**no mugurpuses**	[nɔ mugurpuses]
achteruit (naar achteren)	**atpakaļ**	[atpakalʲ]
midden (het)	**vidus** (v)	[vidus]
in het midden (bw)	**vidū**	[vidu:]
opzij (bw)	**sānis**	[sa:nis]
overal (bw)	**visur**	[visur]
omheen (bw)	**apkārt**	[apka:rt]
binnenuit (bw)	**no iekšpuses**	[nɔ iɛkʃpuses]
naar ergens (bw)	**kaut kur**	[kaut kur]
rechtdoor (bw)	**taisni**	[taisni]
terug (bijv. ~ komen)	**atpakaļ**	[atpakalʲ]
ergens vandaan (bw)	**no kaut kurienes**	[nɔ kaut kuriɛnes]
ergens vandaan (en dit geld moet ~ komen)	**nez no kurienes**	[nez nɔ kuriɛnes]
ten eerste (bw)	**pirmkārt**	[pirmka:rt]
ten tweede (bw)	**otrkārt**	[ɔtrka:rt]
ten derde (bw)	**treškārt**	[treʃka:rt]
plotseling (bw)	**pēkšņi**	[pe:kʃɲi]
in het begin (bw)	**sākumā**	[sa:kuma:]
voor de eerste keer (bw)	**pirmo reizi**	[pirmɔ rɛizi]
lang voor ... (bw)	**ilgu laiku pirms ...**	[ilgu laiku pirms ...]
opnieuw (bw)	**no jauna**	[nɔ jauna]
voor eeuwig (bw)	**uz visiem laikiem**	[uz visiɛm laikiɛm]
nooit (bw)	**nekad**	[nɛkad]
weer (bw)	**atkal**	[atkal]
nu (bw)	**tagad**	[tagad]
vaak (bw)	**bieži**	[biɛʒi]
toen (bw)	**tad**	[tad]

urgent (bw)	**steidzami**	[stɛidzami]
meestal (bw)	**parasti**	[parasti]
trouwens, ... (tussen haakjes)	**starp citu ...**	[starp tsitu ...]
mogelijk (bw)	**iespējams**	[iɛspe:jams]
waarschijnlijk (bw)	**ticams**	[titsams]
misschien (bw)	**varbūt**	[varbu:t]
trouwens (bw)	**turklāt, ...**	[turkla:t, ...]
daarom ...	**tādēļ ...**	[ta:de:lʲ ...]
in weerwil van ...	**neskatoties uz ...**	[neskatɔties uz ...]
dankzij ...	**pateicoties ...**	[patɛitsɔties ...]
wat (vn)	**kas**	[kas]
dat (vw)	**kas**	[kas]
iets (vn)	**kaut kas**	[kaut kas]
iets	**kaut kas**	[kaut kas]
niets (vn)	**nekas**	[nɛkas]
wie (~ is daar?)	**kas**	[kas]
iemand (een onbekende)	**kāds**	[ka:ds]
iemand (een bepaald persoon)	**kāds**	[ka:ds]
niemand (vn)	**neviens**	[neviɛns]
nergens (bw)	**nekur**	[nɛkur]
niemands (bn)	**neviena**	[neviɛna]
iemands (bn)	**kāda**	[ka:da]
zo (Ik ben ~ blij)	**tā**	[ta:]
ook (evenals)	**tāpat**	[ta:pat]
alsook (eveneens)	**arī**	[ari:]

18. Functiewoorden. Bijwoorden. Deel 2

Waarom?	**Kāpēc?**	[ka:pe:ts?]
om een bepaalde reden	**nez kāpēc**	[nez ka:pe:ts]
omdat ...	**tāpēc ka ...**	[ta:pe:ts ka ...]
voor een bepaald doel	**nez kādēļ**	[nez ka:de:lʲ]
en (vw)	**un**	[un]
of (vw)	**vai**	[vai]
maar (vw)	**bet**	[bet]
voor (vz)	**priekš**	[priɛkʃ]
te (~ veel mensen)	**pārāk**	[pa:ra:k]
alleen (bw)	**tikai**	[tikai]
precies (bw)	**tieši**	[tiɛʃi]
ongeveer (~ 10 kg)	**apmēram**	[apmɛ:ram]
omstreeks (bw)	**aptuveni**	[aptuveni]
bij benadering (bn)	**aptuvens**	[aptuvens]
bijna (bw)	**gandrīz**	[gandri:z]
rest (de)	**pārējais**	[pa:re:jais]

de andere (tweede)	**cits**	[tsits]
ander (bn)	**cits**	[tsits]
elk (bn)	**katrs**	[katrs]
om het even welk	**jebkurš**	[jebkurʃ]
veel (grote hoeveelheid)	**daudz**	[daudz]
veel mensen	**daudzi**	[daudzi]
iedereen (alle personen)	**visi**	[visi]
in ruil voor ...	**apmaiņā pret ...**	[apmaiɲa: pret ...]
in ruil (bw)	**pretī**	[preti:]
met de hand (bw)	**ar rokām**	[ar rɔka:m]
onwaarschijnlijk (bw)	**diez vai**	[diɛz vai]
waarschijnlijk (bw)	**laikam**	[laikam]
met opzet (bw)	**tīšām**	[ti:ʃa:m]
toevallig (bw)	**nejauši**	[nejauʃi]
zeer (bw)	**ļoti**	[lʲɔti]
bijvoorbeeld (bw)	**piemēram**	[piɛmɛ:ram]
tussen (~ twee steden)	**starp**	[starp]
tussen (te midden van)	**vidū**	[vidu:]
zoveel (bw)	**tik daudz**	[tik daudz]
vooral (bw)	**īpaši**	[i:paʃi]

Basisbegrippen Deel 2

19. Dagen van de week

maandag (de)	**pirmdiena** (s)	[pirmdiɛna]
dinsdag (de)	**otrdiena** (s)	[ɔtrdiɛna]
woensdag (de)	**trešdiena** (s)	[treʃdiɛna]
donderdag (de)	**ceturtdiena** (s)	[tsɛturtdiɛna]
vrijdag (de)	**piektdiena** (s)	[piɛktdiɛna]
zaterdag (de)	**sestdiena** (s)	[sestdiɛn̪a]
zondag (de)	**svētdiena** (s)	[sve:tdiɛna]
vandaag (bw)	**šodien**	[ʃɔdiɛn]
morgen (bw)	**rīt**	[ri:t]
overmorgen (bw)	**parīt**	[pari:t]
gisteren (bw)	**vakar**	[vakar]
eergisteren (bw)	**aizvakar**	[aizvakar]
dag (de)	**diena** (s)	[diɛna]
werkdag (de)	**darba diena** (s)	[darba diɛna]
feestdag (de)	**svētku diena** (s)	[sve:tku diɛna]
verlofdag (de)	**brīvdiena** (s)	[bri:vdiɛna]
weekend (het)	**brīvdienas** (s dsk)	[bri:vdiɛnas]
de hele dag (bw)	**visa diena**	[visa diɛna]
de volgende dag (bw)	**nākamajā dienā**	[na:kamaja: diɛna:]
twee dagen geleden	**pirms divām dienām**	[pirms diva:m diɛna:m]
aan de vooravond (bw)	**dienu iepriekš**	[diɛnu iɛpriɛkʃ]
dag-, dagelijks (bn)	**ikdienas**	[igdiɛnas]
elke dag (bw)	**katru dienu**	[katru diɛnu]
week (de)	**nedēļa** (s)	[nɛdɛ:lʲa]
vorige week (bw)	**pagājušajā nedēļā**	[paga:juʃaja: nɛdɛ:lʲa:]
volgende week (bw)	**nākamajā nedēļā**	[na:kamaja: nɛdɛ:lʲa:]
wekelijks (bn)	**iknedēļas**	[iknɛdɛ:lʲas]
elke week (bw)	**katru nedēļu**	[katru nɛdɛ:lʲu]
twee keer per week	**divas reizes nedēļā**	[divas rɛizes nɛdɛ:lʲa:]
elke dinsdag	**katru otrdienu**	[katru ɔtrdiɛnu]

20. Uren. Dag en nacht

morgen (de)	**rīts** (v)	[ri:ts]
's morgens (bw)	**no rīta**	[nɔ ri:ta]
middag (de)	**pusdiena** (s)	[pusdiɛna]
's middags (bw)	**pēcpusdienā**	[pe:tspusdiɛna:]
avond (de)	**vakars** (v)	[vakars]
's avonds (bw)	**vakarā**	[vakara:]

nacht (de)	**nakts** (s)	[nakts]
's nachts (bw)	**naktī**	[nakti:]
middernacht (de)	**pusnakts** (s)	[pusnakts]
seconde (de)	**sekunde** (s)	[sɛkunde]
minuut (de)	**minūte** (s)	[minu:te]
uur (het)	**stunda** (s)	[stunda]
halfuur (het)	**pusstunda**	[pustunda]
kwartier (het)	**stundas ceturksnis** (v)	[stundas tsɛturksnis]
vijftien minuten	**piecpadsmit minūtes**	[piɛtspadsmit minu:tes]
etmaal (het)	**diennakts** (s)	[diɛnnakts]
zonsopgang (de)	**saullēkts** (v)	[saulle:kts]
dageraad (de)	**rītausma** (s)	[ri:tausma]
vroege morgen (de)	**agrs rīts** (v)	[agrs ri:ts]
zonsondergang (de)	**saulriets** (v)	[saulriɛts]
's morgens vroeg (bw)	**agri no rīta**	[agri nɔ ri:ta]
vanmorgen (bw)	**šorīt**	[ʃɔri:t]
morgenochtend (bw)	**rīt no rīta**	[ri:t nɔ ri:ta]
vanmiddag (bw)	**šodien**	[ʃɔdiɛn]
's middags (bw)	**pēcpusdienā**	[pe:tspusdiɛna:]
morgenmiddag (bw)	**rīt pēcpusdienā**	[ri:t pe:tspusdiɛna:]
vanavond (bw)	**šovakar**	[ʃɔvakar]
morgenavond (bw)	**rītvakar**	[ri:tvakar]
klokslag drie uur	**tieši trijos**	[tiɛʃi trijɔs]
ongeveer vier uur	**ap četriem**	[ap tʃetriɛm]
tegen twaalf uur	**ap divpadsmitiem**	[ap divpadsmitiɛm]
over twintig minuten	**pēc divdesmit minūtēm**	[pe:ts divdesmit minu:te:m]
over een uur	**pēc stundas**	[pe:ts stundas]
op tijd (bw)	**laikā**	[laika:]
kwart voor ...	**bez ceturkšņa ...**	[bez tsɛturkʃna ...]
binnen een uur	**stundas laikā**	[stundas laika:]
elk kwartier	**katras piecpadsmit minūtes**	[katras piɛtspadsmit minu:tes]
de klok rond	**caurām dienām**	[tsaura:m diɛna:m]

21. Maanden. Seizoenen

januari (de)	**janvāris** (v)	[janva:ris]
februari (de)	**februāris** (v)	[februa:ris]
maart (de)	**marts** (v)	[marts]
april (de)	**aprīlis** (v)	[apri:lis]
mei (de)	**maijs** (v)	[maijs]
juni (de)	**jūnijs** (v)	[ju:nijs]
juli (de)	**jūlijs** (v)	[ju:lijs]
augustus (de)	**augusts** (v)	[augusts]

september (de)	**septembris** (v)	[septembris]
oktober (de)	**oktobris** (v)	[ɔktɔbris]
november (de)	**novembris** (v)	[nɔvembris]
december (de)	**decembris** (v)	[detsembris]
lente (de)	**pavasaris** (v)	[pavasaris]
in de lente (bw)	**pavasarī**	[pavasari:]
lente- (abn)	**pavasara**	[pavasara]
zomer (de)	**vasara** (s)	[vasara]
in de zomer (bw)	**vasarā**	[vasara:]
zomer-, zomers (bn)	**vasaras**	[vasaras]
herfst (de)	**rudens** (v)	[rudens]
in de herfst (bw)	**rudenī**	[rudeni:]
herfst- (abn)	**rudens**	[rudens]
winter (de)	**ziema** (s)	[ziɛma]
in de winter (bw)	**ziemā**	[ziɛma:]
winter- (abn)	**ziemas**	[ziɛmas]
maand (de)	**mēnesis** (v)	[mɛ:nesis]
deze maand (bw)	**šomēnes**	[ʃɔmɛ:nes]
volgende maand (bw)	**nākamajā mēnesī**	[na:kamaja: mɛ:nesi:]
vorige maand (bw)	**pagājušajā mēnesī**	[paga:juʃaja: mɛ:nesi:]
een maand geleden (bw)	**pirms mēneša**	[pirms mɛ:neʃa]
over een maand (bw)	**pēc mēneša**	[pe:ts mɛ:neʃa]
over twee maanden (bw)	**pēc diviem mēnešiem**	[pe:ts diviɛm mɛ:neʃiɛm]
de hele maand (bw)	**visu mēnesi**	[visu mɛ:nesi]
een volle maand (bw)	**veselu mēnesi**	[vesɛlu mɛ:nesi]
maand-, maandelijks (bn)	**ikmēneša**	[ikmɛ:neʃa]
maandelijks (bw)	**ik mēnesi**	[ik mɛ:nesi]
elke maand (bw)	**katru mēnesi**	[katru mɛ:nesi]
twee keer per maand	**divas reizes mēnesī**	[divas rɛizes mɛ:nesi:]
jaar (het)	**gads** (v)	[gads]
dit jaar (bw)	**šogad**	[ʃɔgad]
volgend jaar (bw)	**nākamajā gadā**	[na:kamaja: gada:]
vorig jaar (bw)	**pagājušajā gadā**	[paga:juʃaja: gada:]
een jaar geleden (bw)	**pirms gada**	[pirms gada]
over een jaar	**pēc gada**	[pe:ts gada]
over twee jaar	**pēc diviem gadiem**	[pe:ts diviɛm gadiɛm]
het hele jaar	**visu gadu**	[visu gadu]
een vol jaar	**veselu gadu**	[vesɛlu gadu]
elk jaar	**katru gadu**	[katru gadu]
jaar-, jaarlijks (bn)	**ikgadējs**	[ikgade:js]
jaarlijks (bw)	**ik gadu**	[ik gadu]
4 keer per jaar	**četras reizes gadā**	[tʃetras rɛizes gada:]
datum (de)	**datums** (v)	[datums]
datum (de)	**datums** (v)	[datums]
kalender (de)	**kalendārs** (v)	[kalenda:rs]

een half jaar	**pusgads**	[pusgads]
zes maanden	**pusgads** (v)	[pusgads]
seizoen (bijv. lente, zomer)	**gadalaiks** (v)	[gadalaiks]
eeuw (de)	**gadsimts** (v)	[gadsimts]

22. Meeteenheden

gewicht (het)	**svars** (v)	[svars]
lengte (de)	**garums** (v)	[garums]
breedte (de)	**platums** (v)	[platums]
hoogte (de)	**augstums** (v)	[augstums]
diepte (de)	**dziļums** (v)	[dzilʲums]
volume (het)	**apjoms** (v)	[apjɔms]
oppervlakte (de)	**laukums** (v)	[laukums]
gram (het)	**grams** (v)	[grams]
milligram (het)	**miligrams** (v)	[miligrams]
kilogram (het)	**kilograms** (v)	[kilɔgrams]
ton (duizend kilo)	**tonna** (s)	[tɔnna]
pond (het)	**mārciņa** (s)	[ma:rtsiɲa]
ons (het)	**unce** (s)	[untse]
meter (de)	**metrs** (v)	[metrs]
millimeter (de)	**milimetrs** (v)	[milimetrs]
centimeter (de)	**centimetrs** (v)	[tsentimetrs]
kilometer (de)	**kilometrs** (v)	[kilɔmetrs]
mijl (de)	**jūdze** (s)	[ju:dze]
duim (de)	**colla** (s)	[tsɔlla]
voet (de)	**pēda** (s)	[pɛ:da]
yard (de)	**jards** (v)	[jards]
vierkante meter (de)	**kvadrātmetrs** (v)	[kvadra:tmetrs]
hectare (de)	**hektārs** (v)	[xekta:rs]
liter (de)	**litrs** (v)	[litrs]
graad (de)	**grāds** (v)	[gra:ds]
volt (de)	**volts** (v)	[vɔlts]
ampère (de)	**ampērs** (v)	[ampɛ:rs]
paardenkracht (de)	**zirgspēks** (v)	[zirgspe:ks]
hoeveelheid (de)	**daudzums** (v)	[daudzums]
een beetje ...	**nedaudz ...**	[nɛdaudz ...]
helft (de)	**puse** (s)	[puse]
dozijn (het)	**ducis** (v)	[dutsis]
stuk (het)	**gabals** (v)	[gabals]
afmeting (de)	**izmērs** (v)	[izmɛ:rs]
schaal (bijv. ~ van 1 op 50)	**mērogs** (v)	[me:rɔgs]
minimaal (bn)	**minimāls**	[minima:ls]
minste (bn)	**vismazākais**	[vismaza:kais]
medium (bn)	**vidējs**	[vide:js]
maximaal (bn)	**maksimāls**	[maksima:ls]
grootste (bn)	**vislielākais**	[visliɛla:kais]

23. Containers

glazen pot (de)	**burka** (s)	[burka]
blik (conserven~)	**bundža** (s)	[bundʒa]
emmer (de)	**spainis** (v)	[spainis]
ton (bijv. regenton)	**muca** (s)	[mutsa]
ronde waterbak (de)	**bļoda** (s)	[blʲɔda]
tank (bijv. watertank-70-ltr)	**tvertne** (s)	[tvertne]
heupfles (de)	**blašķe** (s)	[blaʃtʲe]
jerrycan (de)	**kanna** (s)	[kanna]
tank (bijv. ketelwagen)	**cisterna** (s)	[tsisterna]
beker (de)	**krūze** (s)	[kru:ze]
kopje (het)	**tase** (s)	[tase]
schoteltje (het)	**apakštase** (s)	[apakʃtase]
glas (het)	**glāze** (s)	[gla:ze]
wijnglas (het)	**pokāls** (v)	[pɔka:ls]
steelpan (de)	**kastrolis** (v)	[kastrɔlis]
fles (de)	**pudele** (s)	[pudɛle]
flessenhals (de)	**kakliņš** (v)	[kakliɲʃ]
karaf (de)	**karafe** (s)	[karafe]
kruik (de)	**krūka** (s)	[kru:ka]
vat (het)	**trauks** (v)	[trauks]
pot (de)	**pods** (v)	[pɔds]
vaas (de)	**vāze** (s)	[va:ze]
flacon (de)	**flakons** (v)	[flakɔns]
flesje (het)	**pudelīte** (s)	[pudeli:te]
tube (bijv. ~ tandpasta)	**tūbiņa** (s)	[tu:biɲa]
zak (bijv. ~ aardappelen)	**maiss** (v)	[mais]
tasje (het)	**maisiņš** (v)	[maisiɲʃ]
pakje (~ sigaretten, enz.)	**paciņa** (s)	[patsiɲa]
doos (de)	**kārba** (s)	[ka:rba]
kist (de)	**kastīte** (s)	[kasti:te]
mand (de)	**grozs** (v)	[grɔzs]

MENS

Mens. Het lichaam

24. Hoofd

hoofd (het)	**galva** (s)	[galva]
gezicht (het)	**seja** (s)	[seja]
neus (de)	**deguns** (v)	[dɛguns]
mond (de)	**mute** (s)	[mute]
oog (het)	**acs** (s)	[ats]
ogen (mv.)	**acis** (s dsk)	[atsis]
pupil (de)	**acs zīlīte** (s)	[ats zi:li:te]
wenkbrauw (de)	**uzacs** (s)	[uzats]
wimper (de)	**skropsta** (s)	[skrɔpsta]
ooglid (het)	**plakstiņš** (v)	[plakstiɲʃ]
tong (de)	**mēle** (s)	[mɛ:le]
tand (de)	**zobs** (v)	[zɔbs]
lippen (mv.)	**lūpas** (s dsk)	[lu:pas]
jukbeenderen (mv.)	**vaigu kauli** (v dsk)	[vaigu kauli]
tandvlees (het)	**smaganas** (s dsk)	[smaganas]
gehemelte (het)	**aukslējas** (s dsk)	[auksle:jas]
neusgaten (mv.)	**nāsis** (s dsk)	[na:sis]
kin (de)	**zods** (v)	[zɔds]
kaak (de)	**žoklis** (v)	[ʒɔklis]
wang (de)	**vaigs** (v)	[vaigs]
voorhoofd (het)	**piere** (s)	[piɛre]
slaap (de)	**deniņi** (v dsk)	[deniɲi]
oor (het)	**auss** (s)	[aus]
achterhoofd (het)	**pakausis** (v)	[pakausis]
hals (de)	**kakls** (v)	[kakls]
keel (de)	**rīkle** (s)	[ri:kle]
haren (mv.)	**mati** (v dsk)	[mati]
kapsel (het)	**frizūra** (s)	[frizu:ra]
haarsnit (de)	**matu griezums** (v)	[matu griɛzums]
pruik (de)	**parūka** (s)	[paru:ka]
snor (de)	**ūsas** (s dsk)	[u:sas]
baard (de)	**bārda** (s)	[ba:rda]
dragen (een baard, enz.)	**ir**	[ir]
vlecht (de)	**bize** (s)	[bize]
bakkebaarden (mv.)	**vaigubārda** (s)	[vaiguba:rda]
ros (roodachtig, rossig)	**ruds**	[ruds]
grijs (~ haar)	**sirms**	[sirms]

kaal (bn)	**plikgalvains**	[plikgalvains]
kale plek (de)	**plika galva** (s)	[plika galva]
paardenstaart (de)	**zirgaste** (s)	[zirgaste]
pony (de)	**mati uz pieres** (v)	[mati uz piɛres]

25. Menselijk lichaam

hand (de)	**delna** (s)	[delna]
arm (de)	**roka** (s)	[rɔka]
vinger (de)	**pirksts** (v)	[pirksts]
teen (de)	**kājas īkšķis** (v)	[ka:jas i:kʃtʲis]
duim (de)	**īkšķis** (v)	[i:kʃtʲis]
pink (de)	**mazais pirkstiņš** (v)	[mazais pirkstiɲʃ]
nagel (de)	**nags** (v)	[nags]
vuist (de)	**dūre** (s)	[du:re]
handpalm (de)	**plauksta** (s)	[plauksta]
pols (de)	**plaukstas locītava** (s)	[plaukstas lɔtsi:tava]
voorarm (de)	**apakšdelms** (v)	[apakʃdelms]
elleboog (de)	**elkonis** (v)	[elkɔnis]
schouder (de)	**augšdelms** (v)	[augʃdelms]
been (rechter ~)	**kāja** (s)	[ka:ja]
voet (de)	**pēda** (s)	[pɛ:da]
knie (de)	**celis** (v)	[tselis]
kuit (de)	**apakšstilbs** (v)	[apakʃstilbs]
heup (de)	**gurns** (v)	[gurns]
hiel (de)	**papēdis** (v)	[pape:dis]
lichaam (het)	**ķermenis** (v)	[tʲermenis]
buik (de)	**vēders** (v)	[vɛ:dɛrs]
borst (de)	**krūškurvis** (v)	[kru:ʃkurvis]
borst (de)	**krūts** (s)	[kru:ts]
zijde (de)	**sāns** (v)	[sa:ns]
rug (de)	**mugura** (s)	[mugura]
lage rug (de)	**krusti** (v dsk)	[krusti]
taille (de)	**viduklis** (v)	[viduklis]
navel (de)	**naba** (s)	[naba]
billen (mv.)	**gūžas** (s dsk)	[gu:ʒas]
achterwerk (het)	**dibens** (v)	[dibens]
huidvlek (de)	**dzimumzīme** (s)	[dzimumzi:me]
moedervlek (de)	**dzimumzīme** (s)	[dzimumzi:me]
tatoeage (de)	**tetovējums** (v)	[tetɔve:jums]
litteken (het)	**rēta** (s)	[rɛ:ta]

Kleding en accessoires

26. Bovenkleding. Jassen

kleren (mv.), kleding (de)	**apģērbs** (v)	[apdʲe:rbs]
bovenkleding (de)	**virsdrēbes** (s dsk)	[virsdrɛ:bes]
winterkleding (de)	**ziemas drēbes** (s dsk)	[ziɛmas drɛ:bes]
jas (de)	**mētelis** (v)	[mɛ:telis]
bontjas (de)	**kažoks** (v)	[kaʒɔks]
bontjasje (het)	**puskažoks** (v)	[puskaʒɔks]
donzen jas (de)	**dūnu mētelis** (v)	[du:nu mɛ:telis]
jasje (bijv. een leren ~)	**jaka** (s)	[jaka]
regenjas (de)	**apmetnis** (v)	[apmetnis]
waterdicht (bn)	**ūdensnecaurlaidīgs**	[u:densnetsaurlaidi:gs]

27. Heren & dames kleding

overhemd (het)	**krekls** (v)	[krekls]
broek (de)	**bikses** (s dsk)	[bikses]
jeans (de)	**džinsi** (v dsk)	[dʒinsi]
colbert (de)	**žakete** (s)	[ʒakɛte]
kostuum (het)	**uzvalks** (v)	[uzvalks]
jurk (de)	**kleita** (s)	[klɛita]
rok (de)	**svārki** (v dsk)	[sva:rki]
blouse (de)	**blūze** (s)	[blu:ze]
wollen vest (de)	**vilnaina jaka** (s)	[vilnaina jaka]
blazer (kort jasje)	**žakete** (s)	[ʒakɛte]
T-shirt (het)	**sporta krekls** (v)	[spɔrta krekls]
shorts (mv.)	**šorti** (v dsk)	[ʃɔrti]
trainingspak (het)	**sporta tērps** (v)	[spɔrta te:rps]
badjas (de)	**halāts** (v)	[xala:ts]
pyjama (de)	**pidžama** (s)	[pidʒama]
sweater (de)	**svīteris** (v)	[svi:teris]
pullover (de)	**pulovers** (v)	[pulɔvɛrs]
gilet (het)	**veste** (s)	[veste]
rokkostuum (het)	**fraka** (s)	[fraka]
smoking (de)	**smokings** (v)	[smɔkiŋgs]
uniform (het)	**uniforma** (s)	[unifɔrma]
werkkleding (de)	**darba apģērbs** (v)	[darba apdʲe:rbs]
overall (de)	**kombinezons** (v)	[kɔmbinezɔns]
doktersjas (de)	**halāts** (v)	[xala:ts]

28. Kleding. Ondergoed

ondergoed (het)	**veļa** (s)	[vɛlʲa]
herenslip (de)	**bokseršorti** (v dsk)	[bɔkserʃɔrti]
slipjes (mv.)	**biksītes** (s dsk)	[biksi:tes]
onderhemd (het)	**apakškrekls** (v)	[apakʃkrekls]
sokken (mv.)	**zeķes** (s dsk)	[zɛtʲes]
nachthemd (het)	**naktskrekls** (v)	[naktskrekls]
beha (de)	**krūšturis** (v)	[kru:ʃturis]
kniekousen (mv.)	**pusgarās zeķes** (s dsk)	[pusgara:s zɛtʲes]
panty (de)	**zeķubikses** (s dsk)	[zɛtʲubikses]
nylonkousen (mv.)	**sieviešu zeķes** (s dsk)	[siɛviɛʃu zɛtʲes]
badpak (het)	**peldkostīms** (v)	[peldkɔsti:ms]

29. Hoofddeksels

hoed (de)	**cepure** (s)	[tsɛpure]
deukhoed (de)	**platmale** (s)	[platmale]
honkbalpet (de)	**beisbola cepure** (s)	[bɛisbɔla tsɛpure]
kleppet (de)	**žokejcepure** (s)	[ʒɔkejtsɛpure]
baret (de)	**berete** (s)	[bɛrɛte]
kap (de)	**kapuce** (s)	[kaputse]
panamahoed (de)	**panama** (s)	[panama]
gebreide muts (de)	**adīta cepurīte** (s)	[adi:ta tsɛpuri:te]
hoofddoek (de)	**lakats** (v)	[lakats]
dameshoed (de)	**cepurīte** (s)	[tsɛpuri:te]
veiligheidshelm (de)	**ķivere** (s)	[tʲivɛre]
veldmuts (de)	**laiviņa** (s)	[laiviɲa]
helm, valhelm (de)	**bruņu cepure** (s)	[bruɲu tsɛpure]
bolhoed (de)	**katliņš** (v)	[katliɲʃ]
hoge hoed (de)	**cilindrs** (v)	[tsilindrs]

30. Schoeisel

schoeisel (het)	**apavi** (v dsk)	[apavi]
schoenen (mv.)	**puszābaki** (v dsk)	[pusza:baki]
vrouwenschoenen (mv.)	**kurpes** (s dsk)	[kurpes]
laarzen (mv.)	**zābaki** (v dsk)	[za:baki]
pantoffels (mv.)	**čības** (s dsk)	[tʃi:bas]
sportschoenen (mv.)	**sporta kurpes** (s dsk)	[spɔrta kurpes]
sneakers (mv.)	**kedas** (s dsk)	[kɛdas]
sandalen (mv.)	**sandales** (s dsk)	[sandales]
schoenlapper (de)	**kurpnieks** (v)	[kurpniɛks]
hiel (de)	**papēdis** (v)	[pape:dis]

paar (een ~ schoenen)	**pāris** (v)	[pa:ris]
veter (de)	**aukla** (s)	[aukla]
rijgen (schoenen ~)	**saitēt**	[saite:t]
schoenlepel (de)	**kurpju velkamais** (v)	[kurpju velkamais]
schoensmeer (de/het)	**apavu krēms** (v)	[apavu kre:ms]

31. Persoonlijke accessoires

handschoenen (mv.)	**cimdi** (v dsk)	[tsimdi]
wanten (mv.)	**dūraiņi** (v dsk)	[du:raiɲi]
sjaal (fleece ~)	**šalle** (s)	[ʃalle]
bril (de)	**brilles** (s dsk)	[brilles]
brilmontuur (het)	**ietvars** (v)	[iɛtvars]
paraplu (de)	**lietussargs** (v)	[liɛtusargs]
wandelstok (de)	**spieķis** (v)	[spiɛtʲis]
haarborstel (de)	**matu suka** (s)	[matu suka]
waaier (de)	**vēdeklis** (v)	[vɛ:deklis]
das (de)	**kaklasaite** (s)	[kaklasaite]
strikje (het)	**tauriņš** (v)	[tauriɲʃ]
bretels (mv.)	**bikšturi** (v dsk)	[bikʃturi]
zakdoek (de)	**kabatlakatiņš** (v)	[kabatlakatiɲʃ]
kam (de)	**ķemme** (s)	[tʲemme]
haarspeldje (het)	**matu sprādze** (s)	[matu spra:dze]
schuifspeldje (het)	**matadata** (s)	[matadata]
gesp (de)	**sprādze** (s)	[spra:dze]
broekriem (de)	**josta** (s)	[jɔsta]
draagriem (de)	**siksna** (s)	[siksna]
handtas (de)	**soma** (s)	[sɔma]
damestas (de)	**somiņa** (s)	[sɔmiɲa]
rugzak (de)	**mugursoma** (s)	[mugursɔma]

32. Kleding. Diversen

mode (de)	**mode** (s)	[mɔde]
de mode (bn)	**moderns**	[mɔderns]
kledingstilist (de)	**modelētājs** (v)	[mɔdɛlɛ:ta:js]
kraag (de)	**apkakle** (s)	[apkakle]
zak (de)	**kabata** (s)	[kabata]
zak- (abn)	**kabatas**	[kabatas]
mouw (de)	**piedurkne** (s)	[piɛdurkne]
lusje (het)	**pakaramais** (v)	[pakaramais]
gulp (de)	**bikšu priekša**	[bikʃu priɛkʃa]
rits (de)	**rāvējslēdzējs** (v)	[ra:ve:jsle:dze:js]
sluiting (de)	**aizdare** (s)	[aizdare]
knoop (de)	**poga** (s)	[pɔga]

knoopsgat (het)	**pogcaurums** (v)	[pɔgtsaurums]
losraken (bijv. knopen)	**atrauties**	[atrautiɛs]
naaien (kleren, enz.)	**šūt**	[ʃu:t]
borduren (ww)	**izšūt**	[izʃu:t]
borduursel (het)	**izšūšana** (s)	[izʃu:ʃana]
naald (de)	**adata** (s)	[adata]
draad (de)	**diegs** (v)	[diɛgs]
naad (de)	**šuve** (s)	[ʃuve]
vies worden (ww)	**notraipīties**	[nɔtraipi:tiɛs]
vlek (de)	**traips** (v)	[traips]
gekreukt raken (ov. kleren)	**saburzīties**	[saburzi:tiɛs]
scheuren (ov.ww.)	**saplēst**	[saple:st]
mot (de)	**kode** (s)	[kɔde]

33. Persoonlijke verzorging. Schoonheidsmiddelen

tandpasta (de)	**zobu pasta** (s)	[zɔbu pasta]
tandenborstel (de)	**zobu suka** (s)	[zɔbu suka]
tanden poetsen (ww)	**tīrīt zobus**	[ti:ri:t zɔbus]
scheermes (het)	**skuveklis** (v)	[skuveklis]
scheerschuim (het)	**skūšanas krēms** (v)	[sku:ʃanas kre:ms]
zich scheren (ww)	**skūties**	[sku:tiɛs]
zeep (de)	**ziepes** (s dsk)	[ziɛpes]
shampoo (de)	**šampūns** (v)	[ʃampu:ns]
schaar (de)	**šķēres** (s dsk)	[ʃtʲɛ:res]
nagelvijl (de)	**nagu vīlīte** (s)	[nagu vi:li:te]
nagelknipper (de)	**knaiblītes** (s dsk)	[knaibli:tes]
pincet (het)	**pincete** (s)	[pintsɛte]
cosmetica (de)	**kosmētika** (s)	[kɔsme:tika]
masker (het)	**maska** (s)	[maska]
manicure (de)	**manikīrs** (v)	[maniki:rs]
manicure doen	**taisīt manikīru**	[taisi:t maniki:ru]
pedicure (de)	**pedikīrs** (v)	[pediki:rs]
cosmetica tasje (het)	**kosmētikas somiņa** (s)	[kɔsme:tikas sɔmiɲa]
poeder (de/het)	**pūderis** (v)	[pu:deris]
poederdoos (de)	**pūdernīca** (s)	[pu:derni:tsa]
rouge (de)	**vaigu sārtums** (v)	[vaigu sa:rtums]
parfum (de/het)	**smaržas** (s dsk)	[smarʒas]
eau de toilet (de)	**tualetes ūdens** (v)	[tualɛtes u:dens]
lotion (de)	**losjons** (v)	[lɔsjɔns]
eau de cologne (de)	**odekolons** (v)	[ɔdekɔlɔns]
oogschaduw (de)	**acu ēnas** (s dsk)	[atsu ɛ:nas]
oogpotlood (het)	**acu zīmulis** (v)	[atsu zi:mulis]
mascara (de)	**skropstu tuša** (s)	[skrɔpstu tuʃa]
lippenstift (de)	**lūpu krāsa** (s)	[lu:pu kra:sa]

nagellak (de)	**nagu laka** (s)	[nagu laka]
haarlak (de)	**matu laka** (s)	[matu laka]
deodorant (de)	**dezodorants** (v)	[dezɔdɔrants]
crème (de)	**krēms** (v)	[kre:ms]
gezichtscrème (de)	**sejas krēms** (v)	[sejas kre:ms]
handcrème (de)	**rokas krēms** (v)	[rɔkas kre:ms]
antirimpelcrème (de)	**pretgrumbu krēms** (v)	[pretgrumbu kre:ms]
dagcrème (de)	**dienas krēms** (v)	[diɛnas kre:ms]
nachtcrème (de)	**nakts krēms** (v)	[nakts kre:ms]
dag- (abn)	**dienas**	[diɛnas]
nacht- (abn)	**nakts**	[nakts]
tampon (de)	**tampons** (v)	[tampɔns]
toiletpapier (het)	**tualetes papīrs** (v)	[tualɛtes papi:rs]
föhn (de)	**fēns** (v)	[fe:ns]

34. Horloges. Klokken

polshorloge (het)	**rokas pulkstenis** (v)	[rɔkas pulkstenis]
wijzerplaat (de)	**ciparnīca** (s)	[tsiparni:tsa]
wijzer (de)	**bultiņa** (s)	[bultiɲa]
metalen horlogeband (de)	**metāla siksniņa** (s)	[mɛta:la siksniɲa]
horlogebandje (het)	**siksniņa** (s)	[siksniɲa]
batterij (de)	**baterija** (s)	[baterija]
leeg zijn (ww)	**izlādēties**	[izla:de:tiɛs]
batterij vervangen	**nomainīt bateriju**	[nɔmaini:t bateriju]
voorlopen (ww)	**steigties**	[stɛigtiɛs]
achterlopen (ww)	**atpalikt**	[atpalikt]
wandklok (de)	**sienas pulkstenis** (v)	[siɛnas pulkstenis]
zandloper (de)	**smilšu pulkstenis** (v)	[smilʃu pulkstenis]
zonnewijzer (de)	**saules pulkstenis** (v)	[saules pulkstenis]
wekker (de)	**modinātājs** (v)	[mɔdina:ta:js]
horlogemaker (de)	**pulksteņmeistars** (v)	[pulksteɲmɛistars]
repareren (ww)	**remontēt**	[remɔnte:t]

Voedsel. Voeding

35. Voedsel

vlees (het)	**gaļa** (s)	[galʲa]
kip (de)	**vista** (s)	[vista]
kuiken (het)	**cālis** (v)	[tsa:lis]
eend (de)	**pīle** (s)	[pi:le]
gans (de)	**zoss** (s)	[zɔs]
wild (het)	**medījums** (v)	[medi:jums]
kalkoen (de)	**tītars** (v)	[ti:tars]
varkensvlees (het)	**cūkgaļa** (s)	[tsu:kgalʲa]
kalfsvlees (het)	**teļa gaļa** (s)	[tɛlʲa galʲa]
schapenvlees (het)	**jēra gaļa** (s)	[je:ra galʲa]
rundvlees (het)	**liellopu gaļa** (s)	[liɛllɔpu galʲa]
konijnenvlees (het)	**trusis** (v)	[trusis]
worst (de)	**desa** (s)	[dɛsa]
saucijs (de)	**cīsiņš** (v)	[tsi:siɲʃ]
spek (het)	**bekons** (v)	[bekɔns]
ham (de)	**šķiņķis** (v)	[ʃtʲiɲtʲis]
gerookte achterham (de)	**šķiņķis** (v)	[ʃtʲiɲtʲis]
paté, pastei (de)	**pastēte** (s)	[pastɛ:te]
lever (de)	**aknas** (s dsk)	[aknas]
gehakt (het)	**malta gaļa** (s)	[malta galʲa]
tong (de)	**mēle** (s)	[mɛ:le]
ei (het)	**ola** (s)	[ɔla]
eieren (mv.)	**olas** (s dsk)	[ɔlas]
eiwit (het)	**baltums** (v)	[baltums]
eigeel (het)	**dzeltenums** (v)	[dzeltenums]
vis (de)	**zivs** (s)	[zivs]
zeevruchten (mv.)	**jūras produkti** (v dsk)	[ju:ras prɔdukti]
schaaldieren (mv.)	**vēžveidīgie** (v dsk)	[ve:ʒvɛidi:giɛ]
kaviaar (de)	**ikri** (v dsk)	[ikri]
krab (de)	**krabis** (v)	[krabis]
garnaal (de)	**garnele** (s)	[garnɛle]
oester (de)	**austere** (s)	[austɛre]
langoest (de)	**langusts** (v)	[laŋgusts]
octopus (de)	**astoņkājis** (v)	[astɔɲka:jis]
inktvis (de)	**kalmārs** (v)	[kalma:rs]
steur (de)	**store** (s)	[stɔre]
zalm (de)	**lasis** (v)	[lasis]
heilbot (de)	**āte** (s)	[a:te]
kabeljauw (de)	**menca** (s)	[mentsa]

makreel (de)	**skumbrija** (s)	[skumbrija]
tonijn (de)	**tuncis** (v)	[tuntsis]
paling (de)	**zutis** (v)	[zutis]
forel (de)	**forele** (s)	[fɔrɛle]
sardine (de)	**sardīne** (s)	[sardi:ne]
snoek (de)	**līdaka** (s)	[li:daka]
haring (de)	**siļķe** (s)	[silʲtʲe]
brood (het)	**maize** (s)	[maize]
kaas (de)	**siers** (v)	[siɛrs]
suiker (de)	**cukurs** (v)	[tsukurs]
zout (het)	**sāls** (v)	[sa:ls]
rijst (de)	**rīsi** (v dsk)	[ri:si]
pasta (de)	**makaroni** (v dsk)	[makarɔni]
noedels (mv.)	**nūdeles** (s dsk)	[nu:dɛles]
boter (de)	**sviests** (v)	[sviɛsts]
plantaardige olie (de)	**augu eļļa** (s)	[augu ellʲa]
zonnebloemolie (de)	**saulespuķu eļļa** (s)	[saulesputʲu ellʲa]
margarine (de)	**margarīns** (v)	[margari:ns]
olijven (mv.)	**olīvas** (s dsk)	[ɔli:vas]
olijfolie (de)	**olīveļļa** (s)	[ɔli:vellʲa]
melk (de)	**piens** (v)	[piɛns]
gecondenseerde melk (de)	**kondensētais piens** (v)	[kɔndensɛ:tais piɛns]
yoghurt (de)	**jogurts** (v)	[jɔgurts]
zure room (de)	**krējums** (v)	[kre:jums]
room (de)	**salds krējums** (v)	[salds kre:jums]
mayonaise (de)	**majonēze** (s)	[majɔnɛ:ze]
crème (de)	**krēms** (v)	[kre:ms]
graan (het)	**putraimi** (v dsk)	[putraimi]
meel (het), bloem (de)	**milti** (v dsk)	[milti]
conserven (mv.)	**konservi** (v dsk)	[kɔnservi]
maïsvlokken (mv.)	**kukurūzas pārslas** (s dsk)	[kukuru:zas pa:rslas]
honing (de)	**medus** (v)	[mɛdus]
jam (de)	**džems, ievārījums** (v)	[ʤems], [iɛva:ri:jums]
kauwgom (de)	**košļājamā gumija** (s)	[kɔʃlʲa:jama: gumija]

36. Drankjes

water (het)	**ūdens** (v)	[u:dens]
drinkwater (het)	**dzeramais ūdens** (v)	[dzɛramais u:dens]
mineraalwater (het)	**minerālūdens** (v)	[minɛra:lu:dens]
zonder gas	**negāzēts**	[nɛga:ze:ts]
koolzuurhoudend (bn)	**gāzēts**	[ga:ze:ts]
bruisend (bn)	**dzirkstošs**	[dzirkstɔʃs]
IJs (het)	**ledus** (v)	[lɛdus]

met ijs	**ar ledu**	[ar lɛdu]
alcohol vrij (bn)	**bezalkoholisks**	[bɛzalkɔxɔlisks]
alcohol vrije drank (de)	**bezalkoholiskais dzēriens** (v)	[bɛzalkɔxɔliskais dze:riɛns]
frisdrank (de)	**atspirdzinošs dzēriens** (v)	[atspirdzinɔʃs dze:riɛns]
limonade (de)	**limonāde** (s)	[limɔna:de]
alcoholische dranken (mv.)	**alkoholiskie dzērieni** (v dsk)	[alkɔxɔliskiɛ dze:riɛni]
wijn (de)	**vīns** (v)	[vi:ns]
witte wijn (de)	**baltvīns** (v)	[baltvi:ns]
rode wijn (de)	**sarkanvīns** (v)	[sarkanvi:ns]
likeur (de)	**liķieris** (v)	[litʲiɛris]
champagne (de)	**šampanietis** (v)	[ʃampaniɛtis]
vermout (de)	**vermuts** (v)	[vermuts]
whisky (de)	**viskijs** (v)	[viskijs]
wodka (de)	**degvīns** (v)	[degvi:ns]
gin (de)	**džins** (v)	[ʤins]
cognac (de)	**konjaks** (v)	[kɔnjaks]
rum (de)	**rums** (v)	[rums]
koffie (de)	**kafija** (s)	[kafija]
zwarte koffie (de)	**melnā kafija** (s)	[melna: kafija]
koffie (de) met melk	**kafija** (s) **ar pienu**	[kafija ar piɛnu]
cappuccino (de)	**kapučīno** (v)	[kaputʃi:nɔ]
oploskoffie (de)	**šķīstošā kafija** (s)	[ʃtʲi:stɔʃa: kafija]
melk (de)	**piens** (v)	[piɛns]
cocktail (de)	**kokteilis** (v)	[kɔktɛilis]
milkshake (de)	**piena kokteilis** (v)	[piɛna kɔktɛilis]
sap (het)	**sula** (s)	[sula]
tomatensap (het)	**tomātu sula** (s)	[tɔma:tu sula]
sinaasappelsap (het)	**apelsīnu sula** (s)	[apɛlsi:nu sula]
vers geperst sap (het)	**svaigi spiesta sula** (s)	[svaigi spiɛsta sula]
bier (het)	**alus** (v)	[alus]
licht bier (het)	**gaišais alus** (v)	[gaiʃais alus]
donker bier (het)	**tumšais alus** (v)	[tumʃais alus]
thee (de)	**tēja** (s)	[te:ja]
zwarte thee (de)	**melnā tēja** (s)	[melna: te:ja]
groene thee (de)	**zaļā tēja** (s)	[zalʲa: te:ja]

37. Groenten

groenten (mv.)	**dārzeņi** (v dsk)	[da:rzeɲi]
verse kruiden (mv.)	**zaļumi** (v dsk)	[zalʲumi]
tomaat (de)	**tomāts** (v)	[tɔma:ts]
augurk (de)	**gurķis** (v)	[gurtʲis]
wortel (de)	**burkāns** (v)	[burka:ns]
aardappel (de)	**kartupelis** (v)	[kartupelis]

ui (de)	**sīpols** (v)	[si:pɔls]
knoflook (de)	**ķiploks** (v)	[tʲiplɔks]
kool (de)	**kāposti** (v dsk)	[ka:pɔsti]
bloemkool (de)	**puķkāposti** (v dsk)	[putʲka:pɔsti]
spruitkool (de)	**Briseles kāposti** (v dsk)	[brisɛles ka:pɔsti]
broccoli (de)	**brokolis** (v)	[brɔkɔlis]
rode biet (de)	**biete** (s)	[biɛte]
aubergine (de)	**baklažāns** (v)	[baklaʒa:ns]
courgette (de)	**kabacis** (v)	[kabatsis]
pompoen (de)	**ķirbis** (v)	[tʲirbis]
raap (de)	**rācenis** (v)	[ra:tsenis]
peterselie (de)	**pētersīlis** (v)	[pɛ:tɛrsi:lis]
dille (de)	**dilles** (s dsk)	[dilles]
sla (de)	**dārza salāti** (v dsk)	[da:rza sala:ti]
selderij (de)	**selerija** (s)	[sɛlerija]
asperge (de)	**sparģelis** (v)	[spardʲelis]
spinazie (de)	**spināti** (v dsk)	[spina:ti]
erwt (de)	**zirnis** (v)	[zirnis]
bonen (mv.)	**pupas** (s dsk)	[pupas]
maïs (de)	**kukurūza** (s)	[kukuru:za]
boon (de)	**pupiņas** (s dsk)	[pupiɲas]
peper (de)	**graudu pipars** (v)	[graudu pipars]
radijs (de)	**redīss** (v)	[redi:s]
artisjok (de)	**artišoks** (v)	[artiʃɔks]

38. Vruchten. Noten

vrucht (de)	**auglis** (v)	[auglis]
appel (de)	**ābols** (v)	[a:bɔls]
peer (de)	**bumbieris** (v)	[bumbiɛris]
citroen (de)	**citrons** (v)	[tsitrɔns]
sinaasappel (de)	**apelsīns** (v)	[apɛlsi:ns]
aardbei (de)	**zemene** (s)	[zɛmɛne]
mandarijn (de)	**mandarīns** (v)	[mandari:ns]
pruim (de)	**plūme** (s)	[plu:me]
perzik (de)	**persiks** (v)	[pɛrsiks]
abrikoos (de)	**aprikoze** (s)	[aprikɔze]
framboos (de)	**avene** (s)	[avɛne]
ananas (de)	**ananāss** (v)	[anana:s]
banaan (de)	**banāns** (v)	[bana:ns]
watermeloen (de)	**arbūzs** (v)	[arbu:zs]
druif (de)	**vīnoga** (s)	[vi:nɔga]
zure kers (de)	**skābais ķirsis** (v)	[ska:bais tʲirsis]
zoete kers (de)	**saldais ķirsis** (v)	[saldais tʲirsis]
meloen (de)	**melone** (s)	[melɔne]
grapefruit (de)	**greipfrūts** (v)	[grɛipfru:ts]
avocado (de)	**avokado** (v)	[avɔkadɔ]

papaja (de)	**papaija** (s)	[papaija]
mango (de)	**mango** (v)	[maŋgɔ]
granaatappel (de)	**granātābols** (v)	[grana:ta:bɔls]
rode bes (de)	**sarkanā jāņoga** (s)	[sarkana: ja:ɲɔga]
zwarte bes (de)	**upene** (s)	[upɛne]
kruisbes (de)	**ērkšķoga** (s)	[e:rkʃtʲɔga]
bosbes (de)	**mellene** (s)	[mellɛne]
braambes (de)	**kazene** (s)	[kazɛne]
rozijn (de)	**rozīne** (s)	[rɔzi:ne]
vijg (de)	**vīģe** (s)	[vi:dʲe]
dadel (de)	**datele** (s)	[datɛle]
pinda (de)	**zemesrieksts** (v)	[zɛmesriɛksts]
amandel (de)	**mandeles** (s dsk)	[mandɛles]
walnoot (de)	**valrieksts** (v)	[valriɛksts]
hazelnoot (de)	**lazdu rieksts** (v)	[lazdu riɛksts]
kokosnoot (de)	**kokosrieksts** (v)	[kɔkɔsriɛksts]
pistaches (mv.)	**pistācijas** (s dsk)	[pista:tsijas]

39. Brood. Snoep

suikerbakkerij (de)	**konditorejas izstrādājumi** (v dsk)	[kɔnditɔrejas izstra:da:jumi]
brood (het)	**maize** (s)	[maize]
koekje (het)	**cepumi** (v dsk)	[tsɛpumi]
chocolade (de)	**šokolāde** (s)	[ʃɔkɔla:de]
chocolade- (abn)	**šokolādes**	[ʃɔkɔla:des]
snoepje (het)	**konfekte** (s)	[kɔnfekte]
cakeje (het)	**kūka** (s)	[ku:ka]
taart (bijv. verjaardags~)	**torte** (s)	[tɔrte]
pastei (de)	**pīrāgs** (v)	[pi:ra:gs]
vulling (de)	**pildījums** (v)	[pildi:jums]
confituur (de)	**ievārījums** (v)	[iɛva:ri:jums]
marmelade (de)	**marmelāde** (s)	[marmɛla:de]
wafel (de)	**vafeles** (s dsk)	[vafɛles]
IJsje (het)	**saldējums** (v)	[salde:jums]
pudding (de)	**pudiņš** (v)	[pudiɲʃ]

40. Bereide gerechten

gerecht (het)	**ēdiens** (v)	[e:diɛns]
keuken (bijv. Franse ~)	**virtuve** (s)	[virtuve]
recept (het)	**recepte** (s)	[retsepte]
portie (de)	**porcija** (s)	[pɔrtsija]
salade (de)	**salāti** (v dsk)	[sala:ti]
soep (de)	**zupa** (s)	[zupa]

bouillon (de)	**buljons** (v)	[buljɔns]
boterham (de)	**sviestmaize** (s)	[sviɛstmaize]
spiegelei (het)	**ceptas olas** (s dsk)	[tseptas ɔlas]
hamburger (de)	**hamburgers** (v)	[xamburgɛrs]
biefstuk (de)	**bifšteks** (v)	[bifʃteks]
garnering (de)	**piedeva** (s)	[piɛdɛva]
spaghetti (de)	**spageti** (v dsk)	[spageti]
aardappelpuree (de)	**kartupeļu biezenis** (v)	[kartupɛlʲu biɛzenis]
pizza (de)	**pica** (s)	[pitsa]
pap (de)	**biezputra** (s)	[biɛzputra]
omelet (de)	**omlete** (s)	[ɔmlɛte]
gekookt (in water)	**vārīts**	[va:ri:ts]
gerookt (bn)	**kūpināts**	[ku:pina:ts]
gebakken (bn)	**cepts**	[tsepts]
gedroogd (bn)	**žāvēts**	[ʒa:ve:ts]
diepvries (bn)	**sasaldēts**	[sasalde:ts]
gemarineerd (bn)	**marinēts**	[marine:ts]
zoet (bn)	**salds**	[salds]
gezouten (bn)	**sāļš**	[sa:lʲʃ]
koud (bn)	**auksts**	[auksts]
heet (bn)	**karsts**	[karsts]
bitter (bn)	**rūgts**	[ru:gts]
lekker (bn)	**garšīgs**	[garʃi:gs]
koken (in kokend water)	**vārīt**	[va:ri:t]
bereiden (avondmaaltijd ~)	**gatavot**	[gatavɔt]
bakken (ww)	**cept**	[tsept]
opwarmen (ww)	**uzsildīt**	[uzsildi:t]
zouten (ww)	**piebērt sāli**	[piɛbe:rt sa:li]
peperen (ww)	**piparot**	[piparɔt]
raspen (ww)	**rīvēt**	[ri:ve:t]
schil (de)	**miza** (s)	[miza]
schillen (ww)	**mizot**	[mizɔt]

41. Kruiden

zout (het)	**sāls** (v)	[sa:ls]
gezouten (bn)	**sāļš**	[sa:lʲʃ]
zouten (ww)	**piebērt sāli**	[piɛbe:rt sa:li]
zwarte peper (de)	**melnie pipari** (v dsk)	[melniɛ pipari]
rode peper (de)	**paprika** (s)	[paprika]
mosterd (de)	**sinepes** (s dsk)	[sinɛpes]
mierikswortel (de)	**mārrutki** (v dsk)	[ma:rrutki]
condiment (het)	**piedeva** (s)	[piɛdɛva]
specerij , kruiderij (de)	**garšviela** (s)	[garʃviɛla]
saus (de)	**mērce** (s)	[me:rtse]
azijn (de)	**etiķis** (v)	[ɛtitʲis]

anijs (de)	**anīss** (v)	[ani:s]
basilicum (de)	**baziliks** (v)	[baziliks]
kruidnagel (de)	**krustnagliņas** (s dsk)	[krustnagliɲas]
gember (de)	**ingvers** (v)	[iŋgvɛrs]
koriander (de)	**koriandrs** (v)	[kɔriandrs]
kaneel (de/het)	**kanēlis** (v)	[kane:lis]
sesamzaad (het)	**sezams** (v)	[sɛzams]
laurierblad (het)	**lauru lapa** (s)	[lauru lapa]
paprika (de)	**paprika** (s)	[paprika]
komijn (de)	**ķimenes** (s dsk)	[tʲimɛnes]
saffraan (de)	**safrāns** (v)	[safra:ns]

42. Maaltijden

eten (het)	**ēdiens** (v)	[e:diɛns]
eten (ww)	**ēst**	[ɛ:st]
ontbijt (het)	**brokastis** (s dsk)	[brɔkastis]
ontbijten (ww)	**brokastot**	[brɔkastɔt]
lunch (de)	**pusdienas** (s dsk)	[pusdiɛnas]
lunchen (ww)	**pusdienot**	[pusdiɛnɔt]
avondeten (het)	**vakariņas** (s dsk)	[vakariɲas]
souperen (ww)	**vakariņot**	[vakariɲɔt]
eetlust (de)	**apetīte** (s)	[apeti:te]
Eet smakelijk!	**Labu apetīti!**	[labu apeti:ti!]
openen (een fles ~)	**atvērt**	[atve:rt]
morsen (koffie, enz.)	**izliet**	[izliɛt]
zijn gemorst	**izlieties**	[izliɛtiɛs]
koken (water kookt bij 100°C)	**vārīties**	[va:ri:tiɛs]
koken (Hoe om water te ~)	**vārīt**	[va:ri:t]
gekookt (~ water)	**vārīts**	[va:ri:ts]
afkoelen (koeler maken)	**atdzesēt**	[atdzɛse:t]
afkoelen (koeler worden)	**atdzesēties**	[atdzɛse:tiɛs]
smaak (de)	**garša** (s)	[garʃa]
nasmaak (de)	**piegarša** (s)	[piɛgarʃa]
volgen een dieet	**tievēt**	[tiɛve:t]
dieet (het)	**diēta** (s)	[diɛ:ta]
vitamine (de)	**vitamīns** (v)	[vitami:ns]
calorie (de)	**kalorija** (s)	[kalɔrija]
vegetariër (de)	**veģetārietis** (v)	[vɛdʲɛta:riɛtis]
vegetarisch (bn)	**veģetāriešu**	[vɛdʲɛta:riɛʃu]
vetten (mv.)	**tauki** (v dsk)	[tauki]
eiwitten (mv.)	**olbaltumvielas** (s dsk)	[ɔlbaltumviɛlas]
koolhydraten (mv.)	**ogļhidrāti** (v dsk)	[ɔglʲxidra:ti]
snede (de)	**šķēlīte** (s)	[ʃtʲe:li:te]
stuk (bijv. een ~ taart)	**gabals** (v)	[gabals]
kruimel (de)	**gabaliņš** (v)	[gabaliɲʃ]

43. Tafelschikking

lepel (de)	**karote** (s)	[karɔte]
mes (het)	**nazis** (v)	[nazis]
vork (de)	**dakša** (s)	[dakʃa]
kopje (het)	**tase** (s)	[tase]
bord (het)	**šķīvis** (v)	[ʃtʲi:vis]
schoteltje (het)	**apakštase** (s)	[apakʃtase]
servet (het)	**salvete** (s)	[salvɛte]
tandenstoker (de)	**zobu bakstāmais** (v)	[zɔbu baksta:mais]

44. Restaurant

restaurant (het)	**restorāns** (v)	[restɔra:ns]
koffiehuis (het)	**kafejnīca** (s)	[kafejni:tsa]
bar (de)	**bārs** (v)	[ba:rs]
tearoom (de)	**tēju nams** (v)	[te:ju nams]
kelner, ober (de)	**oficiants** (v)	[ɔfitsiants]
serveerster (de)	**oficiante** (s)	[ɔfitsiante]
barman (de)	**bārmenis** (v)	[ba:rmenis]
menu (het)	**ēdienkarte** (s)	[e:diɛnkarte]
wijnkaart (de)	**vīnu karte** (s)	[vi:nu karte]
een tafel reserveren	**rezervēt galdiņu**	[rɛzerve:t galdiɲu]
gerecht (het)	**ēdiens** (v)	[e:diɛns]
bestellen (eten ~)	**pasūtīt**	[pasu:ti:t]
een bestelling maken	**pasūtīt**	[pasu:ti:t]
aperitief (de/het)	**aperitīvs** (v)	[aperiti:vs]
voorgerecht (het)	**uzkožamais** (v)	[uzkɔʒamais]
dessert (het)	**deserts** (v)	[dɛserts]
rekening (de)	**rēķins** (v)	[re:tʲins]
de rekening betalen	**samaksāt rēķinu**	[samaksa:t re:tʲinu]
wisselgeld teruggeven	**iedot atlikumu**	[iɛdɔt atlikumu]
fooi (de)	**dzeramnauda** (s)	[dzɛramnauda]

Familie, verwanten en vrienden

45. Persoonlijke informatie. Formulieren

naam (de)	**vārds** (v)	[va:rds]
achternaam (de)	**uzvārds** (v)	[uzva:rds]
geboortedatum (de)	**dzimšanas datums** (v)	[dzimʃanas datums]
geboorteplaats (de)	**dzimšanas vieta** (s)	[dzimʃanas viɛta]
nationaliteit (de)	**tautība** (s)	[tauti:ba]
woonplaats (de)	**dzīves vieta** (s)	[dzi:ves viɛta]
land (het)	**valsts** (s)	[valsts]
beroep (het)	**profesija** (s)	[prɔfesija]
geslacht (ov. het vrouwelijk ~)	**dzimums** (v)	[dzimums]
lengte (de)	**augums** (v)	[augums]
gewicht (het)	**svars** (v)	[svars]

46. Familieleden. Verwanten

moeder (de)	**māte** (s)	[ma:te]
vader (de)	**tēvs** (v)	[te:vs]
zoon (de)	**dēls** (v)	[dɛ:ls]
dochter (de)	**meita** (s)	[mɛita]
jongste dochter (de)	**jaunākā meita** (s)	[jauna:ka: mɛita]
jongste zoon (de)	**jaunākais dēls** (v)	[jauna:kais dɛ:ls]
oudste dochter (de)	**vecākā meita** (s)	[vetsa:ka: mɛita]
oudste zoon (de)	**vecākais dēls** (v)	[vetsa:kais dɛ:ls]
broer (de)	**brālis** (v)	[bra:lis]
oudere broer (de)	**vecākais brālis** (v)	[vetsa:kais bra:lis]
jongere broer (de)	**jaunākais brālis** (v)	[jauna:kais bra:lis]
zuster (de)	**māsa** (s)	[ma:sa]
oudere zuster (de)	**vecākā māsa** (s)	[vetsa:ka: ma:sa]
jongere zuster (de)	**jaunākā māsa** (s)	[jauna:ka: ma:sa]
neef (zoon van oom, tante)	**brālēns** (v)	[bra:le:ns]
nicht (dochter van oom, tante)	**māsīca** (s)	[ma:si:tsa]
mama (de)	**māmiņa** (s)	[ma:miɲa]
papa (de)	**tētis** (v)	[te:tis]
ouders (mv.)	**vecāki** (v dsk)	[vetsa:ki]
kind (het)	**bērns** (v)	[be:rns]
kinderen (mv.)	**bērni** (v dsk)	[be:rni]
oma (de)	**vecmāmiņa** (s)	[vetsma:miɲa]
opa (de)	**vectēvs** (v)	[vetste:vs]

kleinzoon (de)	**mazdēls** (v)	[mazdɛ:ls]
kleindochter (de)	**mazmeita** (s)	[mazmɛita]
kleinkinderen (mv.)	**mazbērni** (v dsk)	[mazbe:rni]
oom (de)	**onkulis** (v)	[ɔnkulis]
tante (de)	**tante** (s)	[tante]
schoonmoeder (de)	**sievasmāte, vīramāte** (s)	[siɛvasma:te], [vi:rama:te]
schoonvader (de)	**sievastēvs, vīratēvs** (v)	[siɛvaste:vs], [vi:rate:vs]
schoonzoon (de)	**znots** (v)	[znɔts]
stiefmoeder (de)	**pamāte** (s)	[pama:te]
stiefvader (de)	**patēvs** (v)	[pate:vs]
zuigeling (de)	**krūts bērns** (v)	[kru:ts be:rns]
wiegenkind (het)	**zīdainis** (v)	[zi:dainis]
kleuter (de)	**mazulis** (v)	[mazulis]
vrouw (de)	**sieva** (s)	[siɛva]
man (de)	**vīrs** (v)	[vi:rs]
echtgenoot (de)	**dzīvesbiedrs** (v)	[dzi:vesbiɛdrs]
echtgenote (de)	**dzīvesbiedre** (s)	[dzi:vesbiɛdre]
gehuwd (mann.)	**precējies**	[pretse:jiɛs]
gehuwd (vrouw.)	**precējusies**	[pretse:jusiɛs]
ongehuwd (mann.)	**neprecējies**	[nepretse:jiɛs]
vrijgezel (de)	**vecpuisis** (v)	[vetspuisis]
gescheiden (bn)	**šķīries**	[ʃtʲi:riɛs]
weduwe (de)	**atraitne** (s)	[atraitne]
weduwnaar (de)	**atraitnis** (v)	[atraitnis]
familielid (het)	**radinieks** (v)	[radiniɛks]
dichte familielid (het)	**tuvs radinieks** (v)	[tuvs radiniɛks]
verre familielid (het)	**tāls radinieks** (v)	[ta:ls radiniɛks]
familieleden (mv.)	**radi** (v dsk)	[radi]
wees (weesjongen)	**bārenis** (v)	[ba:renis]
wees (weesmeisje)	**bārene** (s)	[ba:rɛne]
voogd (de)	**aizbildnis** (v)	[aizbildnis]
adopteren (een jongen te ~)	**adoptēt zēnu**	[adɔpte:t zɛ:nu]
adopteren (een meisje te ~)	**adoptēt meiteni**	[adɔpte:t mɛiteni]

Geneeskunde

47. Ziekten

ziekte (de) **slimība** (s) [slimi:ba]
ziek zijn (ww) **slimot** [slimɔt]
gezondheid (de) **veselība** (s) [vɛseli:ba]

snotneus (de) **iesnas** (s dsk) [iɛsnas]
angina (de) **angīna** (s) [aŋgi:na]
verkoudheid (de) **saaukstēšanās** (s) [saaukste:ʃana:s]
verkouden raken (ww) **saaukstēties** [saaukste:tiɛs]

bronchitis (de) **bronhīts** (v) [brɔnxi:ts]
longontsteking (de) **plaušu karsonis** (v) [plauʃu karsɔnis]
griep (de) **gripa** (s) [gripa]

bijziend (bn) **tuvredzīgs** [tuvredzi:gs]
verziend (bn) **tālredzīgs** [ta:lredzi:gs]
scheelheid (de) **šķielēšana** (s) [ʃtʲiɛle:ʃana]
scheel (bn) **šķielējošs** [ʃtʲiɛle:jɔʃs]
grauwe staar (de) **katarakta** (s) [katarakta]
glaucoom (het) **glaukoma** (s) [glaukɔma]

beroerte (de) **insults** (v) [insults]
hartinfarct (het) **infarkts** (v) [infarkts]
myocardiaal infarct (het) **miokarda infarkts** (v) [miɔkarda infarkts]
verlamming (de) **paralīze** (s) [parali:ze]
verlammen (ww) **paralizēt** [paralize:t]

allergie (de) **alerģija** (s) [alerdʲija]
astma (de/het) **astma** (s) [astma]
diabetes (de) **diabēts** (v) [diabe:ts]

tandpijn (de) **zobu sāpes** (s dsk) [zɔbu sa:pes]
tandbederf (het) **kariess** (v) [kariɛs]

diarree (de) **caureja** (s) [tsaureja]
constipatie (de) **aizcietējums** (v) [aiztsiɛte:jums]
maagstoornis (de) **gremošanas traucējumi** (v dsk) [gremɔʃanas trautse:jumi]

voedselvergiftiging (de) **saindēšanās** (s) [sainde:ʃana:s]
voedselvergiftiging oplopen **saindēties** [sainde:tiɛs]

artritis (de) **artrīts** (v) [artri:ts]
rachitis (de) **rahīts** (v) [raxi:ts]
reuma (het) **reimatisms** (v) [rɛimatisms]
arteriosclerose (de) **ateroskleroze** (s) [aterɔsklerɔze]
gastritis (de) **gastrīts** (v) [gastri:ts]
blindedarmontsteking (de) **apendicīts** (v) [apenditsi:ts]

galblaasontsteking (de)	**holecistīts** (v)	[xɔletsisti:ts]
zweer (de)	**čūla** (s)	[tʃu:la]
mazelen (mv.)	**masalas** (s dsk)	[masalas]
rodehond (de)	**masaliņas** (s dsk)	[masaliɲas]
geelzucht (de)	**dzeltenā kaite** (s)	[dzeltɛna: kaite]
leverontsteking (de)	**hepatīts** (v)	[xɛpati:ts]
schizofrenie (de)	**šizofrēnija** (s)	[ʃizɔfre:nija]
dolheid (de)	**trakumsērga** (s)	[trakumse:rga]
neurose (de)	**neiroze** (s)	[nɛirɔze]
hersenschudding (de)	**smadzeņu satricinājums** (v)	[smadzɛɲu satritsina:jums]
kanker (de)	**vēzis** (v)	[ve:zis]
sclerose (de)	**skleroze** (s)	[sklerɔze]
multiple sclerose (de)	**multiplā skleroze** (s)	[multipla: sklerɔze]
alcoholisme (het)	**alkoholisms** (v)	[alkɔxɔlisms]
alcoholicus (de)	**alkoholiķis** (v)	[alkɔxɔlitʲis]
syfilis (de)	**sifiliss** (v)	[sifilis]
AIDS (de)	**AIDS** (v)	[aids]
tumor (de)	**audzējs** (v)	[audze:js]
kwaadaardig (bn)	**ļaundabīgs**	[lʲaundabi:gs]
goedaardig (bn)	**labdabīgs**	[labdabi:gs]
koorts (de)	**drudzis** (v)	[drudzis]
malaria (de)	**malārija** (s)	[mala:rija]
gangreen (het)	**gangrēna** (s)	[gaŋgrɛ:na]
zeeziekte (de)	**jūras slimība** (s)	[ju:ras slimi:ba]
epilepsie (de)	**epilepsija** (s)	[epilepsija]
epidemie (de)	**epidēmija** (s)	[epide:mija]
tyfus (de)	**tīfs** (v)	[ti:fs]
tuberculose (de)	**tuberkuloze** (s)	[tuberkulɔze]
cholera (de)	**holēra** (s)	[xɔlɛ:ra]
pest (de)	**mēris** (v)	[me:ris]

48. Symptomen. Behandelingen. Deel 1

symptoom (het)	**simptoms** (v)	[simptɔms]
temperatuur (de)	**temperatūra** (s)	[tempɛratu:ra]
verhoogde temperatuur (de)	**augsta temperatūra** (s)	[augsta tempɛratu:ra]
polsslag (de)	**pulss** (v)	[puls]
duizeling (de)	**galvas reibšana** (s)	[galvas rɛibʃana]
heet (erg warm)	**karsts**	[karsts]
koude rillingen (mv.)	**drebuļi** (v dsk)	[drɛbulʲi]
bleek (bn)	**bāls**	[ba:ls]
hoest (de)	**klepus** (v)	[klɛpus]
hoesten (ww)	**klepot**	[klepɔt]
niezen (ww)	**šķaudīt**	[ʃtʲaudi:t]
flauwte (de)	**ģībonis** (v)	[dʲi:bɔnis]
flauwvallen (ww)	**paģībt**	[padʲi:bt]

blauwe plek (de)	**zilums** (v)	[zilums]
buil (de)	**puns** (v)	[puns]
zich stoten (ww)	**atsisties**	[atsistiɛs]
kneuzing (de)	**sasitums** (v)	[sasitums]
kneuzen (gekneusd zijn)	**sasisties**	[sasistiɛs]
hinken (ww)	**klibot**	[klibɔt]
verstuiking (de)	**izmežģījums** (v)	[izmeʒdʲi:jums]
verstuiken (enkel, enz.)	**izmežģīt**	[izmeʒdʲi:t]
breuk (de)	**lūzums** (v)	[lu:zums]
een breuk oplopen	**dabūt lūzumu**	[dabu:t lu:zumu]
snijwond (de)	**iegriezums** (v)	[iɛgriɛzums]
zich snijden (ww)	**sagriezties**	[sagriɛztiɛs]
bloeding (de)	**asiņošana** (s)	[asiɲɔʃana]
brandwond (de)	**apdegums** (v)	[apdɛgums]
zich branden (ww)	**apdedzināties**	[apdedzina:tiɛs]
prikken (ww)	**sadurt**	[sadurt]
zich prikken (ww)	**sadurties**	[sadurtiɛs]
blesseren (ww)	**sabojāt**	[sabɔja:t]
blessure (letsel)	**traumēšana** (s)	[traume:ʃana]
wond (de)	**ievainojums** (v)	[iɛvainɔjums]
trauma (het)	**trauma** (s)	[trauma]
IJlen (ww)	**murgot**	[murgɔt]
stotteren (ww)	**stostīties**	[stɔsti:tiɛs]
zonnesteek (de)	**saules dūriens** (v)	[saules du:riɛns]

49. Symptomen. Behandelingen. Deel 2

pijn (de)	**sāpes** (s dsk)	[sa:pes]
splinter (de)	**skabarga** (s)	[skabarga]
zweet (het)	**sviedri** (v dsk)	[sviɛdri]
zweten (ww)	**svīst**	[svi:st]
braking (de)	**vemšana** (s)	[vemʃana]
stuiptrekkingen (mv.)	**krampji** (v dsk)	[krampji]
zwanger (bn)	**grūta**	[gru:ta]
geboren worden (ww)	**piedzimt**	[piɛdzimt]
geboorte (de)	**dzemdības** (s dsk)	[dzemdi:bas]
baren (ww)	**dzemdēt**	[dzemde:t]
abortus (de)	**aborts** (v)	[abɔrts]
ademhaling (de)	**elpošana** (s)	[elpɔʃana]
inademing (de)	**ieelpa** (s)	[iɛelpa]
uitademing (de)	**izelpa** (s)	[izelpa]
uitademen (ww)	**izelpot**	[izelpɔt]
inademen (ww)	**ieelpot**	[iɛelpɔt]
invalide (de)	**invalīds** (v)	[invali:ds]
gehandicapte (de)	**kroplis** (v)	[krɔplis]

drugsverslaafde (de)	**narkomāns** (v)	[narkɔma:ns]
doof (bn)	**kurls**	[kurls]
stom (bn)	**mēms**	[me:ms]
doofstom (bn)	**kurlmēms**	[kurlme:ms]
krankzinnig (bn)	**traks**	[traks]
krankzinnige (man)	**trakais** (v)	[trakais]
krankzinnige (vrouw)	**traka** (s)	[traka]
krankzinnig worden	**zaudēt prātu**	[zaude:t pra:tu]
gen (het)	**gēns** (v)	[ge:ns]
immuniteit (de)	**imunitāte** (s)	[imunita:te]
erfelijk (bn)	**mantojams**	[mantɔjams]
aangeboren (bn)	**iedzimts**	[iɛdzimts]
virus (het)	**vīruss** (v)	[vi:rus]
microbe (de)	**mikrobs** (v)	[mikrɔbs]
bacterie (de)	**baktērija** (s)	[bakte:rija]
infectie (de)	**infekcija** (s)	[infektsija]

50. Symptomen. Behandelingen. Deel 3

ziekenhuis (het)	**slimnīca** (s)	[slimni:tsa]
patiënt (de)	**pacients** (v)	[patsiɛnts]
diagnose (de)	**diagnoze** (s)	[diagnɔze]
genezing (de)	**ārstēšana** (s)	[a:rste:ʃana]
medische behandeling (de)	**ārstēšana** (s)	[a:rste:ʃana]
onder behandeling zijn	**ārstēties**	[a:rste:tiɛs]
behandelen (ww)	**ārstēt**	[a:rste:t]
zorgen (zieken ~)	**apkopt**	[apkɔpt]
ziekenzorg (de)	**apkope** (s)	[apkɔpe]
operatie (de)	**operācija** (s)	[ɔpɛra:tsija]
verbinden (een arm ~)	**pārsiet**	[pa:rsiɛt]
verband (het)	**pārsiešana** (s)	[pa:rsiɛʃana]
vaccin (het)	**potēšana** (s)	[pɔte:ʃana]
inenten (vaccineren)	**potēt**	[pɔte:t]
injectie (de)	**injekcija** (s)	[injektsija]
een injectie geven	**injicēt**	[injitse:t]
aanval (de)	**lēkme** (s)	[le:kme]
amputatie (de)	**amputācija** (s)	[amputa:tsija]
amputeren (ww)	**amputēt**	[ampute:t]
coma (het)	**koma** (s)	[kɔma]
in coma liggen	**būt komā**	[bu:t kɔma:]
intensieve zorg, ICU (de)	**reanimācija** (s)	[reanima:tsija]
zich herstellen (ww)	**atveseļoties**	[atvɛselʲɔtiɛs]
toestand (de)	**stāvoklis** (v)	[sta:vɔklis]
bewustzijn (het)	**apziņa** (s)	[apziɲa]
geheugen (het)	**atmiņa** (s)	[atmiɲa]
trekken (een kies ~)	**izraut**	[izraut]

vulling (de)	**plomba** (s)	[plɔmba]
vullen (ww)	**plombēt**	[plɔmbe:t]
hypnose (de)	**hipnoze** (s)	[xipnɔze]
hypnotiseren (ww)	**hipnotizēt**	[xipnɔtize:t]

51. Artsen

dokter, arts (de)	**ārsts** (v)	[a:rsts]
ziekenzuster (de)	**medmāsa** (s)	[medma:sa]
lijfarts (de)	**personīgais ārsts** (v)	[pɛrsɔni:gais a:rsts]
tandarts (de)	**dentists** (v)	[dentists]
oogarts (de)	**okulists** (v)	[ɔkulists]
therapeut (de)	**terapeits** (v)	[tɛrapɛits]
chirurg (de)	**ķirurgs** (v)	[tʲirurgs]
psychiater (de)	**psihiatrs** (v)	[psixiatrs]
pediater (de)	**pediatrs** (v)	[pediatrs]
psycholoog (de)	**psihologs** (v)	[psixɔlɔgs]
gynaecoloog (de)	**ginekologs** (v)	[ginekɔlɔgs]
cardioloog (de)	**kardiologs** (v)	[kardiɔlɔgs]

52. Geneeskunde. Medicijnen. Accessoires

geneesmiddel (het)	**zāles** (s dsk)	[za:les]
middel (het)	**līdzeklis** (v)	[li:dzeklis]
voorschrijven (ww)	**izrakstīt**	[izraksti:t]
recept (het)	**recepte** (s)	[retsepte]
tablet (de/het)	**tablete** (s)	[tablɛte]
zalf (de)	**ziede** (s)	[ziɛde]
ampul (de)	**ampula** (s)	[ampula]
drank (de)	**mikstūra** (s)	[mikstu:ra]
siroop (de)	**sīrups** (v)	[si:rups]
pil (de)	**zāļu kapsula** (s)	[za:lʲu kapsula]
poeder (de/het)	**pulveris** (v)	[pulveris]
verband (het)	**saite** (s)	[saite]
watten (mv.)	**vate** (s)	[vate]
jodium (het)	**jods** (v)	[jɔds]
pleister (de)	**plāksteris** (v)	[pla:ksteris]
pipet (de)	**pipete** (s)	[pipɛte]
thermometer (de)	**termometrs** (v)	[termɔmetrs]
spuit (de)	**šļirce** (s)	[ʃlʲirtse]
rolstoel (de)	**ratiņkrēsls** (v)	[ratiɲkre:sls]
krukken (mv.)	**kruķi** (v dsk)	[krutʲi]
pijnstiller (de)	**pretsāpju līdzeklis** (v)	[pretsa:pju li:dzeklis]
laxeermiddel (het)	**caurejas līdzeklis** (v)	[tsaurejas li:dzeklis]

spiritus (de)	**spirts** (v)	[spirts]
medicinale kruiden (mv.)	**zāle** (s)	[za:le]
kruiden- (abn)	**zāļu**	[za:lʲu]

HET MENSELIJKE LEEFGEBIED

Stad

53. Stad. Het leven in de stad

stad (de)	**pilsēta** (s)	[pilsɛ:ta]
hoofdstad (de)	**galvaspilsēta** (s)	[galvaspilsɛ:ta]
dorp (het)	**ciems** (v)	[tsiɛms]
plattegrond (de)	**pilsētas plāns** (v)	[pilsɛ:tas pla:ns]
centrum (ov. een stad)	**pilsētas centrs** (v)	[pilsɛ:tas tsentrs]
voorstad (de)	**piepilsēta** (s)	[piɛpilsɛ:ta]
voorstads- (abn)	**piepilsētas**	[piɛpilsɛ:tas]
randgemeente (de)	**nomale** (s)	[nɔmale]
omgeving (de)	**apkārtnes** (s dsk)	[apka:rtnes]
blok (huizenblok)	**kvartāls** (v)	[kvarta:ls]
woonwijk (de)	**dzīvojamais kvartāls** (v)	[dzi:vɔjamais kvarta:ls]
verkeer (het)	**satiksme** (s)	[satiksme]
verkeerslicht (het)	**luksofors** (v)	[luksɔfɔrs]
openbaar vervoer (het)	**sabiedriskais transports** (v)	[sabiɛdriskais transpɔrts]
kruispunt (het)	**krustojums** (v)	[krustɔjums]
zebrapad (oversteekplaats)	**gājēju pāreja** (s)	[ga:je:ju pa:reja]
onderdoorgang (de)	**pazemes pāreja** (s)	[pazɛmes pa:reja]
oversteken (de straat ~)	**pāriet**	[pa:riɛt]
voetganger (de)	**kājāmgājējs** (v)	[ka:ja:mga:je:js]
trottoir (het)	**trotuārs** (v)	[trɔtua:rs]
brug (de)	**tilts** (v)	[tilts]
dijk (de)	**krastmala** (s)	[krastmala]
fontein (de)	**strūklaka** (s)	[stru:klaka]
allee (de)	**gatve** (s)	[gatve]
park (het)	**parks** (v)	[parks]
boulevard (de)	**bulvāris** (v)	[bulva:ris]
plein (het)	**laukums** (v)	[laukums]
laan (de)	**prospekts** (v)	[prɔspekts]
straat (de)	**iela** (s)	[iɛla]
zijstraat (de)	**šķērsiela** (s)	[ʃtʲɛ:rsiɛla]
doodlopende straat (de)	**strupceļš** (v)	[struptselʲʃ]
huis (het)	**māja** (s)	[ma:ja]
gebouw (het)	**ēka** (s)	[ɛ:ka]
wolkenkrabber (de)	**augstceltne** (s)	[augsttseltne]
gevel (de)	**fasāde** (s)	[fasa:de]
dak (het)	**jumts** (v)	[jumts]

venster (het)	**logs** (v)	[lɔgs]
boog (de)	**loks** (v)	[lɔks]
pilaar (de)	**kolona** (s)	[kɔlɔna]
hoek (ov. een gebouw)	**stūris** (v)	[stu:ris]
vitrine (de)	**skatlogs** (v)	[skatlɔgs]
gevelreclame (de)	**izkārtne** (s)	[izka:rtne]
affiche (de/het)	**afiša** (s)	[afiʃa]
reclameposter (de)	**reklāmu plakāts** (v)	[rekla:mu plaka:ts]
aanplakbord (het)	**reklāmu dēlis** (v)	[rekla:mu de:lis]
vuilnis (de/het)	**atkritumi** (v dsk)	[atkritumi]
vuilnisbak (de)	**atkritumu tvertne** (s)	[atkritumu tvertne]
afval weggooien (ww)	**piegružot**	[piɛgruʒɔt]
stortplaats (de)	**izgāztuve** (s)	[izga:ztuve]
telefooncel (de)	**telefona būda** (s)	[tɛlefɔna bu:da]
straatlicht (het)	**laterna** (s)	[laterna]
bank (de)	**sols** (v)	[sɔls]
politieagent (de)	**policists** (v)	[pɔlitsists]
politie (de)	**policija** (s)	[pɔlitsija]
zwerver (de)	**nabags** (v)	[nabags]
dakloze (de)	**bezpajumtnieks** (v)	[bezpajumtniɛks]

54. Stedelijke instellingen

winkel (de)	**veikals** (v)	[vɛikals]
apotheek (de)	**aptieka** (s)	[aptiɛka]
optiek (de)	**optika** (s)	[ɔptika]
winkelcentrum (het)	**tirdzniecības centrs** (v)	[tirdzniɛtsi:bas tsentrs]
supermarkt (de)	**lielveikals** (v)	[liɛlvɛikals]
bakkerij (de)	**maiznīca** (s)	[maizni:tsa]
bakker (de)	**maiznieks** (v)	[maizniɛks]
banketbakkerij (de)	**konditoreja** (s)	[kɔnditɔreja]
kruidenier (de)	**pārtikas preču veikals** (v)	[pa:rtikas pretʃu vɛikals]
slagerij (de)	**gaļas veikals** (v)	[galʲas vɛikals]
groentewinkel (de)	**sakņu veikals** (v)	[sakɲu vɛikals]
markt (de)	**tirgus** (v)	[tirgus]
koffiehuis (het)	**kafejnīca** (s)	[kafejni:tsa]
restaurant (het)	**restorāns** (v)	[restɔra:ns]
bar (de)	**alus krogs** (v)	[alus krɔgs]
pizzeria (de)	**picērija** (s)	[pitse:rija]
kapperssalon (de/het)	**frizētava** (s)	[frizɛ:tava]
postkantoor (het)	**pasts** (v)	[pasts]
stomerij (de)	**ķīmiskā tīrītava** (s)	[tʲi:miska: ti:ri:tava]
fotostudio (de)	**fotostudija** (s)	[fɔtɔstudija]
schoenwinkel (de)	**apavu veikals** (v)	[apavu vɛikals]
boekhandel (de)	**grāmatnīca** (s)	[gra:matni:tsa]

sportwinkel (de)	**sporta preču veikals** (v)	[sporta pretʃu vɛikals]
kledingreparatie (de)	**apģērbu labošana** (s)	[apdʲe:rbu labɔʃana]
kledingverhuur (de)	**apģērbu noma** (s)	[apdʲe:rbu nɔma]
videotheek (de)	**filmu noma** (s)	[filmu nɔma]
circus (de/het)	**cirks** (v)	[tsirks]
dierentuin (de)	**zoodārzs** (v)	[zɔɔda:rzs]
bioscoop (de)	**kinoteātris** (v)	[kinɔtea:tris]
museum (het)	**muzejs** (v)	[muzejs]
bibliotheek (de)	**bibliotēka** (s)	[bibliɔtɛ:ka]
theater (het)	**teātris** (v)	[tea:tris]
opera (de)	**opera** (s)	[ɔpɛra]
nachtclub (de)	**naktsklubs** (v)	[naktsklubs]
casino (het)	**kazino** (v)	[kazinɔ]
moskee (de)	**mošeja** (s)	[mɔʃeja]
synagoge (de)	**sinagoga** (s)	[sinagɔga]
kathedraal (de)	**katedrāle** (s)	[katedra:le]
tempel (de)	**dievnams** (v)	[diɛvnams]
kerk (de)	**baznīca** (s)	[bazni:tsa]
instituut (het)	**institūts** (v)	[institu:ts]
universiteit (de)	**universitāte** (s)	[univɛrsita:te]
school (de)	**skola** (s)	[skɔla]
gemeentehuis (het)	**prefektūra** (s)	[prefektu:ra]
stadhuis (het)	**mērija** (s)	[me:rija]
hotel (het)	**viesnīca** (s)	[viɛsni:tsa]
bank (de)	**banka** (s)	[banka]
ambassade (de)	**vēstniecība** (s)	[ve:stniɛtsi:ba]
reisbureau (het)	**tūrisma aģentūra** (s)	[tu:risma adʲentu:ra]
informatieloket (het)	**izziņu birojs** (v)	[izziɲu birɔjs]
wisselkantoor (het)	**apmaiņas punkts** (v)	[apmaiɲas punkts]
metro (de)	**metro** (v)	[metrɔ]
ziekenhuis (het)	**slimnīca** (s)	[slimni:tsa]
benzinestation (het)	**degvielas uzpildes stacija** (s)	[degviɛlas uzpildes statsija]
parking (de)	**autostāvvieta** (s)	[autɔsta:vviɛta]

55. Borden

gevelreclame (de)	**izkārtne** (s)	[izka:rtne]
opschrift (het)	**uzraksts** (v)	[uzraksts]
poster (de)	**plakāts** (v)	[plaka:ts]
wegwijzer (de)	**ceļrādis** (v)	[tselʲra:dis]
pijl (de)	**bultiņa** (s)	[bultiɲa]
waarschuwing (verwittiging)	**brīdinājums** (v)	[bri:dina:jums]
waarschuwingsbord (het)	**brīdinājums** (v)	[bri:dina:jums]
waarschuwen (ww)	**brīdināt**	[bri:dina:t]

vrije dag (de)	**brīvdiena** (s)	[bri:vdiɛna]
dienstregeling (de)	**saraksts** (v)	[saraksts]
openingsuren (mv.)	**darba laiks** (v)	[darba laiks]
WELKOM!	**LAIPNI LŪDZAM!**	[laipni lu:dzam!]
INGANG	**IEEJA**	[iɛeja]
UITGANG	**IZEJA**	[izeja]
DUWEN	**GRŪST**	[gru:st]
TREKKEN	**VILKT**	[vilkt]
OPEN	**ATVĒRTS**	[atve:rts]
GESLOTEN	**SLĒGTS**	[sle:gts]
DAMES	**SIEVIEŠU**	[siɛviɛʃu]
HEREN	**VĪRIEŠU**	[vi:riɛʃu]
KORTING	**ATLAIDES**	[atlaides]
UITVERKOOP	**IZPĀRDOŠANA**	[izpa:rdɔʃana]
NIEUW!	**JAUNUMS!**	[jaunums!]
GRATIS	**BEZMAKSAS**	[bezmaksas]
PAS OP!	**UZMANĪBU!**	[uzmani:bu!]
VOLGEBOEKT	**BRĪVU VIETU NAV**	[bri:vu viɛtu nav]
GERESERVEERD	**REZERVĒTS**	[rɛzerve:ts]
ADMINISTRATIE	**ADMINISTRĀCIJA**	[administra:tsija]
ALLEEN VOOR PERSONEEL	**TIKAI PERSONĀLAM**	[tikai pɛrsɔna:lam]
GEVAARLIJKE HOND	**NIKNS SUNS**	[nikns suns]
VERBODEN TE ROKEN!	**SMĒĶĒT AIZLIEGTS!**	[smɛ:tʲe:t aizliɛgts!]
NIET AANRAKEN!	**AR ROKĀM NEAIZTIKT**	[ar rɔka:m neaiztikt]
GEVAARLIJK	**BĪSTAMI**	[bi:stami]
GEVAAR	**BĪSTAMS**	[bi:stams]
HOOGSPANNING	**AUGSTSPRIEGUMS**	[augstspriɛgums]
VERBODEN TE ZWEMMEN	**PELDĒT AIZLIEGTS!**	[pelde:t aizliɛgts!]
BUITEN GEBRUIK	**NESTRĀDĀ**	[nestra:da:]
ONTVLAMBAAR	**UGUNSNEDROŠS**	[ugunsnedrɔʃs]
VERBODEN	**AIZLIEGTS**	[aizliɛgts]
DOORGANG VERBODEN	**IEIEJA AIZLIEGTA**	[iɛiɛja aizliɛgta]
OPGELET PAS GEVERFD	**SVAIGI KRĀSOTS**	[svaigi kra:sɔts]

56. Stedelijk vervoer

bus, autobus (de)	**autobuss** (v)	[autɔbus]
tram (de)	**tramvajs** (v)	[tramvajs]
trolleybus (de)	**trolejbuss** (v)	[trɔlejbus]
route (de)	**maršruts** (v)	[marʃruts]
nummer (busnummer, enz.)	**numurs** (v)	[numurs]
rijden met ...	**braukt ar ...**	[braukt ar ...]
stappen (in de bus ~)	**iekāpt**	[iɛka:pt]

afstappen (ww)	**izkāpt**	[izka:pt]
halte (de)	**pietura** (s)	[piɛtura]
volgende halte (de)	**nākamā pietura** (s)	[na:kama: piɛtura]
eindpunt (het)	**galapunkts** (v)	[galapunkts]
dienstregeling (de)	**saraksts** (v)	[saraksts]
wachten (ww)	**gaidīt**	[gaidi:t]
kaartje (het)	**biļete** (s)	[bilʲɛte]
reiskosten (de)	**biļetes maksa** (s)	[bilʲɛtes maksa]
kassier (de)	**kasieris** (v)	[kasiɛris]
kaartcontrole (de)	**kontrole** (s)	[kɔntrɔle]
controleur (de)	**kontrolieris** (v)	[kɔntrɔliɛris]
te laat zijn (ww)	**nokavēties**	[nɔkave:tiɛs]
missen (de bus ~)	**nokavēt ...**	[nɔkave:t ...]
zich haasten (ww)	**steigties**	[stɛigtiɛs]
taxi (de)	**taksometrs** (v)	[taksɔmetrs]
taxichauffeur (de)	**taksists** (v)	[taksists]
met de taxi (bw)	**ar taksometru**	[ar taksɔmetru]
taxistandplaats (de)	**taksometru stāvvieta** (s)	[taksɔmetru sta:vviɛta]
een taxi bestellen	**izsaukt taksometru**	[izsaukt taksɔmetru]
een taxi nemen	**nolīgt taksometru**	[nɔli:gt taksɔmetru]
verkeer (het)	**satiksme** (s)	[satiksme]
file (de)	**sastrēgums** (v)	[sastrɛ:gums]
spitsuur (het)	**maksimālās slodzes laiks** (v)	[maksima:la:s slɔdzes laiks]
parkeren (on.ww.)	**novietot auto**	[nɔviɛtɔt autɔ]
parkeren (ov.ww.)	**novietot auto**	[nɔviɛtɔt autɔ]
parking (de)	**autostāvvieta** (s)	[autɔsta:vviɛta]
metro (de)	**metro** (v)	[metrɔ]
halte (bijv. kleine treinhalte)	**stacija** (s)	[statsija]
de metro nemen	**braukt ar metro**	[braukt ar metrɔ]
trein (de)	**vilciens** (v)	[viltsiɛns]
station (treinstation)	**dzelzceļa stacija** (s)	[dzelztsɛlʲa statsija]

57. Bezienswaardigheden

monument (het)	**piemineklis** (v)	[piɛmineklis]
vesting (de)	**cietoksnis** (v)	[tsiɛtɔksnis]
paleis (het)	**pils** (s)	[pils]
kasteel (het)	**pils** (s)	[pils]
toren (de)	**tornis** (v)	[tɔrnis]
mausoleum (het)	**mauzolejs** (v)	[mauzɔlejs]
architectuur (de)	**arhitektūra** (s)	[arxitektu:ra]
middeleeuws (bn)	**viduslaiku**	[viduslaiku]
oud (bn)	**senlaiku**	[senlaiku]
nationaal (bn)	**nacionāls**	[natsiɔna:ls]
bekend (bn)	**slavens**	[slavens]
toerist (de)	**tūrists** (v)	[tu:rists]

gids (de)	**gids** (v)	[gids]
rondleiding (de)	**ekskursija** (s)	[ekskursija]
tonen (ww)	**parādīt**	[para:di:t]
vertellen (ww)	**stāstīt**	[sta:sti:t]
vinden (ww)	**atrast**	[atrast]
verdwalen (de weg kwijt zijn)	**nomaldīties**	[nɔmaldi:tiɛs]
plattegrond (~ van de metro)	**shēma** (s)	[sxɛ:ma]
plattegrond (~ van de stad)	**plāns** (v)	[pla:ns]
souvenir (het)	**suvenīrs** (v)	[suveni:rs]
souvenirwinkel (de)	**suvenīru veikals** (v)	[suveni:ru vɛikals]
een foto maken (ww)	**fotografēt**	[fɔtɔgrafe:t]
zich laten fotograferen	**fotografēties**	[fɔtɔgrafe:tiɛs]

58. Winkelen

kopen (ww)	**pirkt**	[pirkt]
aankoop (de)	**pirkums** (v)	[pirkums]
winkelen (ww)	**iepirkties**	[iɛpirktiɛs]
winkelen (het)	**iepirkšanās** (s)	[iɛpirkʃana:s]
open zijn (ov. een winkel, enz.)	**strādāt**	[stra:da:t]
gesloten zijn (ww)	**slēgties**	[sle:gtiɛs]
schoeisel (het)	**apavi** (v dsk)	[apavi]
kleren (mv.)	**apģērbs** (v)	[apdʲe:rbs]
cosmetica (de)	**kosmētika** (s)	[kɔsme:tika]
voedingswaren (mv.)	**pārtikas produkti** (v dsk)	[pa:rtikas prɔdukti]
geschenk (het)	**dāvana** (s)	[da:vana]
verkoper (de)	**pārdevējs** (v)	[pa:rdɛve:js]
verkoopster (de)	**pārdevēja** (s)	[pa:rdɛve:ja]
kassa (de)	**kase** (s)	[kase]
spiegel (de)	**spogulis** (v)	[spɔgulis]
toonbank (de)	**lete** (s)	[lɛte]
paskamer (de)	**pielaikošanas kabīne** (s)	[piɛlaikɔʃanas kabi:ne]
aanpassen (ww)	**pielaikot**	[piɛlaikɔt]
passen (ov. kleren)	**derēt**	[dɛre:t]
bevallen (prettig vinden)	**patikt**	[patikt]
prijs (de)	**cena** (s)	[tsɛna]
prijskaartje (het)	**cenas zīme** (s)	[tsɛnas zi:me]
kosten (ww)	**maksāt**	[maksa:t]
Hoeveel?	**Cik?**	[tsik?]
korting (de)	**atlaide** (s)	[atlaide]
niet duur (bn)	**ne visai dārgs**	[ne visai da:rgs]
goedkoop (bn)	**lēts**	[le:ts]
duur (bn)	**dārgs**	[da:rgs]
Dat is duur.	**Tas ir dārgi**	[tas ir da:rgi]

verhuur (de)	**noma** (s)	[nɔma]
huren (smoking, enz.)	**paņemt nomā**	[paɲemt nɔma:]
krediet (het)	**kredīts** (v)	[kredi:ts]
op krediet (bw)	**uz kredīta**	[uz kredi:ta]

59. Geld

geld (het)	**nauda** (s)	[nauda]
ruil (de)	**maiņa** (s)	[maiɲa]
koers (de)	**kurss** (v)	[kurs]
geldautomaat (de)	**bankomāts** (v)	[bankɔma:ts]
muntstuk (de)	**monēta** (s)	[mɔnɛ:ta]
dollar (de)	**dolārs** (v)	[dɔla:rs]
euro (de)	**eiro** (v)	[ɛirɔ]
lire (de)	**lira** (s)	[lira]
Duitse mark (de)	**marka** (s)	[marka]
frank (de)	**franks** (v)	[franks]
pond sterling (het)	**sterliņu mārciņa** (s)	[sterliɲu ma:rtsiɲa]
yen (de)	**jena** (s)	[jena]
schuld (geldbedrag)	**parāds** (v)	[para:ds]
schuldenaar (de)	**parādnieks** (v)	[para:dniɛks]
uitlenen (ww)	**aizdot**	[aizdɔt]
lenen (geld ~)	**aizņemties**	[aizɲemtiɛs]
bank (de)	**banka** (s)	[banka]
bankrekening (de)	**konts** (v)	[kɔnts]
storten (ww)	**noguldīt**	[nɔguldi:t]
op rekening storten	**noguldīt kontā**	[nɔguldi:t kɔnta:]
opnemen (ww)	**izņemt no konta**	[izɲemt nɔ kɔnta]
kredietkaart (de)	**kredītkarte** (s)	[kredi:tkarte]
baar geld (het)	**skaidra nauda** (v)	[skaidra nauda]
cheque (de)	**čeks** (v)	[tʃeks]
een cheque uitschrijven	**izrakstīt čeku**	[izraksti:t tʃɛku]
chequeboekje (het)	**čeku grāmatiņa** (s)	[tʃɛku gra:matiɲa]
portefeuille (de)	**maks** (v)	[maks]
geldbeugel (de)	**maks** (v)	[maks]
safe (de)	**seifs** (v)	[sɛifs]
erfgenaam (de)	**mantinieks** (v)	[mantiniɛks]
erfenis (de)	**mantojums** (v)	[mantɔjums]
fortuin (het)	**mantība** (s)	[manti:ba]
huur (de)	**rentēšana** (s)	[rente:ʃana]
huurprijs (de)	**īres maksa** (s)	[i:res maksa]
huren (huis, kamer)	**īrēt**	[i:re:t]
prijs (de)	**cena** (s)	[tsɛna]
kostprijs (de)	**vērtība** (s)	[ve:rti:ba]
som (de)	**summa** (s)	[summa]

uitgeven (geld besteden)	**tērēt**	[tɛ:re:t]
kosten (mv.)	**izdevumi** (v dsk)	[izdɛvumi]
bezuinigen (ww)	**taupīt**	[taupi:t]
zuinig (bn)	**taupīgs**	[taupi:gs]
betalen (ww)	**maksāt**	[maksa:t]
betaling (de)	**samaksa** (s)	[samaksa]
wisselgeld (het)	**atlikums** (v)	[atlikums]
belasting (de)	**nodoklis** (v)	[nɔdɔklis]
boete (de)	**sods** (v)	[sɔds]
beboeten (bekeuren)	**uzlikt naudas sodu**	[uzlikt naudas sɔdu]

60. Post. Postkantoor

postkantoor (het)	**pasts** (v)	[pasts]
post (de)	**pasts** (v)	[pasts]
postbode (de)	**pastnieks** (v)	[pastniɛks]
openingsuren (mv.)	**darba laiks** (v)	[darba laiks]
brief (de)	**vēstule** (s)	[ve:stule]
aangetekende brief (de)	**ierakstīta vēstule** (s)	[iɛraksti:ta ve:stule]
briefkaart (de)	**pastkarte** (s)	[pastkarte]
telegram (het)	**telegramma** (s)	[tɛlegramma]
postpakket (het)	**sūtījums** (v)	[su:ti:jums]
overschrijving (de)	**naudas pārvedums** (v)	[naudas pa:rvɛdums]
ontvangen (ww)	**saņemt**	[saɲemt]
sturen (zenden)	**nosūtīt**	[nɔsu:ti:t]
verzending (de)	**aizsūtīšana** (s)	[aizsu:ti:ʃana]
adres (het)	**adrese** (s)	[adrɛse]
postcode (de)	**indekss** (v)	[indeks]
verzender (de)	**sūtītājs** (v)	[su:ti:ta:js]
ontvanger (de)	**saņēmējs** (v)	[saɲɛ:me:js]
naam (de)	**vārds** (v)	[va:rds]
achternaam (de)	**uzvārds** (v)	[uzva:rds]
tarief (het)	**tarifs** (v)	[tarifs]
standaard (bn)	**parasts**	[parasts]
zuinig (bn)	**ekonomisks**	[ekɔnɔmisks]
gewicht (het)	**svars** (v)	[svars]
afwegen (op de weegschaal)	**svērt**	[sve:rt]
envelop (de)	**aploksne** (s)	[aplɔksne]
postzegel (de)	**marka** (s)	[marka]
een postzegel plakken op	**uzlīmēt marku**	[uzli:me:t marku]

Woning. Huis. Thuis

61. Huis. Elektriciteit

elektriciteit (de)	**elektrība** (s)	[ɛlektri:ba]
lamp (de)	**spuldze** (s)	[spuldze]
schakelaar (de)	**izslēdzējs** (v)	[izsle:dze:js]
zekering (de)	**drošinātājs** (v)	[drɔʃina:ta:js]
draad (de)	**vads** (v)	[vads]
bedrading (de)	**instalācija** (s)	[instala:tsija]
elektriciteitsmeter (de)	**skaitītājs** (v)	[skaiti:ta:js]
gegevens (mv.)	**rādījums** (v)	[ra:di:jums]

62. Villa. Herenhuis

landhuisje (het)	**ārpilsētas māja** (s)	[a:rpilsɛ:tas ma:ja]
villa (de)	**villa** (s)	[villa]
vleugel (de)	**ēkas spārns** (v)	[ɛ:kas spa:rns]
tuin (de)	**dārzs** (v)	[da:rzs]
park (het)	**parks** (v)	[parks]
oranjerie (de)	**oranžērija** (s)	[ɔranʒe:rija]
onderhouden (tuin, enz.)	**kopt**	[kɔpt]
zwembad (het)	**baseins** (v)	[basɛins]
gym (het)	**sporta zāle** (s)	[spɔrta za:le]
tennisveld (het)	**tenisa laukums** (v)	[tenisa laukums]
bioscoopkamer (de)	**kinoteātris** (v)	[kinɔtea:tris]
garage (de)	**garāža** (s)	[gara:ʒa]
privé-eigendom (het)	**privātīpašums** (v)	[priva:ti:paʃums]
eigen terrein (het)	**privātīpašums** (v)	[priva:ti:paʃums]
waarschuwing (de)	**brīdinājums** (v)	[bri:dina:jums]
waarschuwingsbord (het)	**brīdinājuma zīme** (s)	[bri:dina:juma zi:me]
bewaking (de)	**apsardze** (s)	[apsardze]
bewaker (de)	**apsargs** (v)	[apsargs]
inbraakalarm (het)	**signalizācija** (s)	[signaliza:tsija]

63. Appartement

appartement (het)	**dzīvoklis** (v)	[dzi:vɔklis]
kamer (de)	**istaba** (s)	[istaba]
slaapkamer (de)	**guļamistaba** (s)	[guʎamistaba]

eetkamer (de)	**ēdamistaba** (s)	[ɛ:damistaba]
salon (de)	**viesistaba** (s)	[viɛsistaba]
studeerkamer (de)	**kabinets** (v)	[kabinets]
gang (de)	**priekštelpa** (s)	[priɛkʃtelpa]
badkamer (de)	**vannas istaba** (s)	[vannas istaba]
toilet (het)	**tualete** (s)	[tualɛte]
plafond (het)	**griesti** (v dsk)	[griɛsti]
vloer (de)	**grīda** (s)	[gri:da]
hoek (de)	**kakts** (v)	[kakts]

64. Meubels. Interieur

meubels (mv.)	**mēbeles** (s dsk)	[me:bɛles]
tafel (de)	**galds** (v)	[galds]
stoel (de)	**krēsls** (v)	[kre:sls]
bed (het)	**gulta** (s)	[gulta]
bankstel (het)	**dīvāns** (v)	[di:va:ns]
fauteuil (de)	**atpūtas krēsls** (v)	[atpu:tas kre:sls]
boekenkast (de)	**grāmatplaukts** (v)	[gra:matplaukts]
boekenrek (het)	**plaukts** (v)	[plaukts]
kledingkast (de)	**drēbju skapis** (v)	[dre:bju skapis]
kapstok (de)	**pakaramais** (v)	[pakaramais]
staande kapstok (de)	**stāvpakaramais** (v)	[sta:vpakaramais]
commode (de)	**kumode** (s)	[kumɔde]
salontafeltje (het)	**žurnālu galdiņš** (v)	[ʒurna:lu galdiɲʃ]
spiegel (de)	**spogulis** (v)	[spɔgulis]
tapijt (het)	**paklājs** (v)	[pakla:js]
tapijtje (het)	**paklājiņš** (v)	[pakla:jiɲʃ]
haard (de)	**kamīns** (v)	[kami:ns]
kaars (de)	**svece** (s)	[svetse]
kandelaar (de)	**svečturis** (v)	[svetʃturis]
gordijnen (mv.)	**aizkari** (v dsk)	[aizkari]
behang (het)	**tapetes** (s dsk)	[tapɛtes]
jaloezie (de)	**žalūzijas** (s dsk)	[ʒalu:zijas]
bureaulamp (de)	**galda lampa** (s)	[galda lampa]
wandlamp (de)	**gaismeklis** (v)	[gaismeklis]
staande lamp (de)	**stāvlampa** (s)	[sta:vlampa]
luchter (de)	**lustra** (s)	[lustra]
poot (ov. een tafel, enz.)	**kāja** (s)	[ka:ja]
armleuning (de)	**elkoņa balsts** (v)	[elkɔɲa balsts]
rugleuning (de)	**atzveltne** (s)	[atzveltne]
la (de)	**atvilktne** (s)	[atvilktne]

65. Beddengoed

beddengoed (het)	**gultas veļa** (s)	[gultas vɛlʲa]
kussen (het)	**spilvens** (v)	[spilvens]
kussenovertrek (de)	**spilvendrāna** (s)	[spilvendra:na]
deken (de)	**sega** (s)	[sɛga]
laken (het)	**palags** (v)	[palags]
sprei (de)	**pārsegs** (v)	[pa:rsegs]

66. Keuken

keuken (de)	**virtuve** (s)	[virtuve]
gas (het)	**gāze** (s)	[ga:ze]
gasfornuis (het)	**gāzes plīts** (v)	[ga:zes pli:ts]
elektrisch fornuis (het)	**elektriskā plīts** (v)	[ɛlektriska: pli:ts]
oven (de)	**cepeškrāsns** (v)	[tsɛpeʃkra:sns]
magnetronoven (de)	**mikroviļņu krāsns** (v)	[mikrɔvilʲɲu kra:sns]
koelkast (de)	**ledusskapis** (v)	[lɛduskapis]
diepvriezer (de)	**saldētava** (s)	[saldɛ:tava]
vaatwasmachine (de)	**trauku mazgājamā mašīna** (s)	[trauku mazga:jama: maʃi:na]
vleesmolen (de)	**gaļas mašīna** (s)	[galʲas maʃi:na]
vruchtenpers (de)	**sulu spiede** (s)	[sulu spiɛde]
toaster (de)	**tosters** (v)	[tɔstɛrs]
mixer (de)	**mikseris** (v)	[mikseris]
koffiemachine (de)	**kafijas aparāts** (v)	[kafijas apara:ts]
koffiepot (de)	**kafijas kanna** (s)	[kafijas kanna]
koffiemolen (de)	**kafijas dzirnaviņas** (s)	[kafijas dzirnaviɲas]
fluitketel (de)	**tējkanna** (s)	[te:jkanna]
theepot (de)	**tējkanna** (s)	[te:jkanna]
deksel (de/het)	**vāciņš** (v)	[va:tsiɲʃ]
theezeefje (het)	**sietiņš** (v)	[siɛtiɲʃ]
lepel (de)	**karote** (s)	[karɔte]
theelepeltje (het)	**tējkarote** (s)	[te:jkarɔte]
eetlepel (de)	**ēdamkarote** (s)	[ɛ:damkarɔte]
vork (de)	**dakša** (s)	[dakʃa]
mes (het)	**nazis** (v)	[nazis]
vaatwerk (het)	**galda piederumi** (v dsk)	[galda piɛdɛrumi]
bord (het)	**šķīvis** (v)	[ʃtʲi:vis]
schoteltje (het)	**apakštase** (s)	[apakʃtase]
likeurglas (het)	**glāzīte** (s)	[gla:zi:te]
glas (het)	**glāze** (s)	[gla:ze]
kopje (het)	**tase** (s)	[tase]
suikerpot (de)	**cukurtrauks** (v)	[tsukurtrauks]
zoutvat (het)	**sālstrauks** (v)	[sa:lstrauks]

pepervat (het)	**piparu trauciņš** (v)	[piparu trautsiɲʃ]
boterschaaltje (het)	**sviesta trauks** (v)	[sviɛsta trauks]
steelpan (de)	**kastrolis** (v)	[kastrɔlis]
bakpan (de)	**panna** (s)	[panna]
pollepel (de)	**smeļamkarote** (s)	[smɛlʲamkarɔte]
vergiet (de/het)	**caurduris** (v)	[tsaurduris]
dienblad (het)	**paplāte** (s)	[papla:te]
fles (de)	**pudele** (s)	[pudɛle]
glazen pot (de)	**burka** (s)	[burka]
blik (conserven~)	**bundža** (s)	[bundʒa]
flesopener (de)	**atvere** (s)	[atvɛre]
blikopener (de)	**atvere** (s)	[atvɛre]
kurkentrekker (de)	**korķviļķis** (v)	[kɔrtʲvilʲtʲis]
filter (de/het)	**filtrs** (v)	[filtrs]
filteren (ww)	**filtrēt**	[filtre:t]
huisvuil (het)	**atkritumi** (v dsk)	[atkritumi]
vuilnisemmer (de)	**atkritumu tvertne** (s)	[atkritumu tvertne]

67. Badkamer

badkamer (de)	**vannas istaba** (s)	[vannas istaba]
water (het)	**ūdens** (v)	[u:dens]
kraan (de)	**krāns** (v)	[kra:ns]
warm water (het)	**karsts ūdens** (v)	[karsts u:dens]
koud water (het)	**auksts ūdens** (v)	[auksts u:dens]
tandpasta (de)	**zobu pasta** (s)	[zɔbu pasta]
tanden poetsen (ww)	**tīrīt zobus**	[ti:ri:t zɔbus]
tandenborstel (de)	**zobu birste** (s)	[zɔbu birste]
zich scheren (ww)	**skūties**	[sku:tiɛs]
scheercrème (de)	**skūšanās putas** (s)	[sku:ʃana:s putas]
scheermes (het)	**skuveklis** (v)	[skuveklis]
wassen (ww)	**mazgāt**	[mazga:t]
een bad nemen	**mazgāties**	[mazga:tiɛs]
douche (de)	**duša** (s)	[duʃa]
een douche nemen	**iet dušā**	[iɛt duʃa:]
bad (het)	**vanna** (s)	[vanna]
toiletpot (de)	**klozetpods** (v)	[klɔzetpɔds]
wastafel (de)	**izlietne** (s)	[izliɛtne]
zeep (de)	**ziepes** (s dsk)	[ziɛpes]
zeepbakje (het)	**ziepju trauks** (v)	[ziɛpju trauks]
spons (de)	**sūklis** (v)	[su:klis]
shampoo (de)	**šampūns** (v)	[ʃampu:ns]
handdoek (de)	**dvielis** (v)	[dviɛlis]
badjas (de)	**halāts** (v)	[xala:ts]

was (bijv. handwas)	**veļas mazgāšana** (s)	[vɛlʲas mazga:ʃana]
wasmachine (de)	**veļas mazgājamā mašīna** (s)	[vɛlʲas mazga:jama: maʃi:na]
de was doen	**mazgāt veļu**	[mazga:t vɛlʲu]
waspoeder (de)	**veļas pulveris** (v)	[vɛlʲas pulveris]

68. Huishoudelijke apparaten

televisie (de)	**televizors** (v)	[tɛlevizɔrs]
cassettespeler (de)	**magnetofons** (v)	[magnetɔfɔns]
videorecorder (de)	**videomagnetofons** (v)	[videɔmagnetɔfɔns]
radio (de)	**radio uztvērējs** (v)	[radiɔ uztvɛ:re:js]
speler (de)	**atskaņotājs** (v)	[atskaɲɔta:js]
videoprojector (de)	**video projektors** (v)	[videɔ prɔjektɔrs]
home theater systeem (het)	**mājas kinoteātris** (v)	[ma:jas kinɔtea:tris]
DVD-speler (de)	**DVD atskaņotājs** (v)	[dvd atskaɲɔta:js]
versterker (de)	**pastiprinātājs** (v)	[pastiprina:ta:js]
spelconsole (de)	**spēļu konsole** (s)	[spɛ:lʲu kɔnsɔle]
videocamera (de)	**videokamera** (s)	[videɔkamɛra]
fotocamera (de)	**fotoaparāts** (v)	[fɔtɔapara:ts]
digitale camera (de)	**digitālais fotoaparāts** (v)	[digita:lais fɔtɔapara:ts]
stofzuiger (de)	**putekļu sūcējs** (v)	[puteklʲu su:tse:js]
strijkijzer (het)	**gludeklis** (v)	[gludeklis]
strijkplank (de)	**gludināmais dēlis** (v)	[gludina:mais de:lis]
telefoon (de)	**tālrunis** (v)	[ta:lrunis]
mobieltje (het)	**mobilais tālrunis** (v)	[mɔbilais ta:lrunis]
schrijfmachine (de)	**rakstāmmašīna** (s)	[raksta:mmaʃi:na]
naaimachine (de)	**šujmašīna** (s)	[ʃujmaʃi:na]
microfoon (de)	**mikrofons** (v)	[mikrɔfɔns]
koptelefoon (de)	**austiņas** (s dsk)	[austiɲas]
afstandsbediening (de)	**pults** (v)	[pults]
CD (de)	**kompaktdisks** (v)	[kɔmpaktdisks]
cassette (de)	**kasete** (s)	[kasɛte]
vinylplaat (de)	**plate** (s)	[plate]

MENSELIJKE ACTIVITEITEN

Baan. Business. Deel 1

69. Kantoor. Op kantoor werken

kantoor (het)	**birojs** (v)	[birɔjs]
kamer (de)	**kabinets** (v)	[kabinets]
receptie (de)	**reģistratūra** (s)	[redʲistratu:ra]
secretaris (de)	**sekretārs** (v)	[sekrɛta:rs]
secretaresse (de)	**sekretāre** (s)	[sekrɛta:re]
directeur (de)	**direktors** (v)	[direktɔrs]
manager (de)	**menedžeris** (v)	[mɛnedʒeris]
boekhouder (de)	**grāmatvedis** (v)	[gra:matvedis]
werknemer (de)	**darbinieks** (v)	[darbiniɛks]
meubilair (het)	**mēbeles** (s dsk)	[me:bɛles]
tafel (de)	**galds** (v)	[galds]
bureaustoel (de)	**krēsls** (v)	[kre:sls]
ladeblok (het)	**atvilktņu bloks** (v)	[atvilktɲu blɔks]
kapstok (de)	**stāvpakaramais** (v)	[sta:vpakaramais]
computer (de)	**dators** (v)	[datɔrs]
printer (de)	**printeris** (v)	[printeris]
fax (de)	**fakss** (v)	[faks]
kopieerapparaat (het)	**kopējamais aparāts** (v)	[kɔpe:jamais apara:ts]
papier (het)	**papīrs** (v)	[papi:rs]
kantoorartikelen (mv.)	**kancelejas preces** (s dsk)	[kantsɛlejas pretses]
muismat (de)	**paliktnis** (v)	[paliktnis]
blad (het)	**lapa** (s)	[lapa]
ordner (de)	**mape** (s)	[mape]
catalogus (de)	**katalogs** (v)	[katalɔgs]
telefoongids (de)	**rokasgrāmata** (s)	[rɔkasgra:mata]
documentatie (de)	**dokumentācija** (s)	[dɔkumenta:tsija]
brochure (de)	**brošūra** (s)	[brɔʃu:ra]
flyer (de)	**skrejlapa** (s)	[skrejlapa]
monster (het), staal (de)	**paraugs** (v)	[paraugs]
training (de)	**praktiskā nodarbība** (s)	[praktiska: nɔdarbi:ba]
vergadering (de)	**sapulce** (s)	[sapultse]
lunchpauze (de)	**pusdienu pārtraukums** (v)	[pusdiɛnu pa:rtraukums]
een kopie maken	**kopēt**	[kɔpe:t]
de kopieën maken	**pavairot**	[pavairɔt]
een fax ontvangen	**saņemt faksu**	[saɲemt faksu]
een fax versturen	**sūtīt faksu**	[su:ti:t faksu]

opbellen (ww)	**piezvanīt**	[piɛzvani:t]
antwoorden (ww)	**atbildēt**	[atbilde:t]
doorverbinden (ww)	**savienot**	[saviɛnɔt]
afspreken (ww)	**nozīmēt**	[nɔzi:me:t]
demonstreren (ww)	**demonstrēt**	[demɔnstre:t]
absent zijn (ww)	**nebūt klāt**	[nɛbu:t kla:t]
afwezigheid (de)	**kavējums** (v)	[kave:jums]

70. Bedrijfsprocessen. Deel 1

bedrijf (business)	**darīšanas** (s dsk)	[dari:ʃanas]
zaak (de), beroep (het)	**process** (v)	[prɔtses]
firma (de)	**firma** (s)	[firma]
bedrijf (maatschap)	**kompānija** (s)	[kɔmpa:nija]
corporatie (de)	**korporācija** (s)	[kɔrpɔra:tsija]
onderneming (de)	**uzņēmums** (v)	[uzɲɛ:mums]
agentschap (het)	**aģentūra** (s)	[adʲentu:ra]
overeenkomst (de)	**līgums** (v)	[li:gums]
contract (het)	**līgums** (v)	[li:gums]
transactie (de)	**darījums** (v)	[dari:jums]
bestelling (de)	**pasūtījums** (v)	[pasu:ti:jums]
voorwaarde (de)	**nosacījums** (v)	[nɔsatsi:jums]
in het groot (bw)	**vairumā**	[vairuma:]
groothandels- (abn)	**vairum-**	[vairum-]
groothandel (de)	**vairumtirdzniecība** (s)	[vairumtirdzniɛtsi:ba]
kleinhandels- (abn)	**mazumtirdzniecības-**	[mazumtirdzniɛtsi:bas-]
kleinhandel (de)	**mazumtirdzniecība** (s)	[mazumtirdzniɛtsi:ba]
concurrent (de)	**konkurents** (v)	[kɔnkurents]
concurrentie (de)	**konkurence** (s)	[kɔnkurentse]
concurreren (ww)	**konkurēt**	[kɔnkure:t]
partner (de)	**partneris** (v)	[partneris]
partnerschap (het)	**partnerība** (s)	[partneri:ba]
crisis (de)	**krīze** (s)	[kri:ze]
bankroet (het)	**bankrots** (v)	[bankrɔts]
bankroet gaan (ww)	**bankrotēt**	[bankrɔte:t]
moeilijkheid (de)	**grūtības** (s dsk)	[gru:ti:bas]
probleem (het)	**problēma** (s)	[prɔblɛ:ma]
catastrofe (de)	**katastrofa** (s)	[katastrɔfa]
economie (de)	**ekonomika** (s)	[ekɔnɔmika]
economisch (bn)	**ekonomisks**	[ekɔnɔmisks]
economische recessie (de)	**ekonomikas lejupeja** (s)	[ekɔnɔmikas lejupeja]
doel (het)	**mērķis** (v)	[me:rtʲis]
taak (de)	**uzdevums** (v)	[uzdɛvums]
handelen (handel drijven)	**tirgot**	[tirgɔt]
netwerk (het)	**tīkls** (v)	[ti:kls]

voorraad (de)	**noliktava** (s)	[nɔliktava]
assortiment (het)	**sortiments** (v)	[sɔrtiments]
leider (de)	**līderis** (v)	[li:deris]
groot (bn)	**liels**	[liɛls]
monopolie (het)	**monopols** (v)	[mɔnɔpɔls]
theorie (de)	**teorija** (s)	[teɔrija]
praktijk (de)	**prakse** (s)	[prakse]
ervaring (de)	**pieredze** (s)	[piɛredze]
tendentie (de)	**tendence** (s)	[tendentse]
ontwikkeling (de)	**attīstība** (s)	[atti:sti:ba]

71. Bedrijfsprocessen. Deel 2

voordeel (het)	**labums** (v)	[labums]
voordelig (bn)	**izdevīgs**	[izdevi:gs]
delegatie (de)	**delegācija** (s)	[delɛga:tsija]
salaris (het)	**darba alga** (s)	[darba alga]
corrigeren (fouten ~)	**labot**	[labɔt]
zakenreis (de)	**komandējums** (v)	[kɔmande:jums]
commissie (de)	**komisija** (s)	[kɔmisija]
controleren (ww)	**kontrolēt**	[kɔntrɔle:t]
conferentie (de)	**konference** (s)	[kɔnfɛrentse]
licentie (de)	**licence** (s)	[litsentse]
betrouwbaar (partner, enz.)	**uzticams**	[uztitsams]
aanzet (de)	**pasākums** (v)	[pasa:kums]
norm (bijv. ~ stellen)	**norma** (s)	[nɔrma]
omstandigheid (de)	**apstāklis** (v)	[apsta:klis]
taak, plicht (de)	**pienākums** (v)	[piɛna:kums]
organisatie (bedrijf, zaak)	**organizācija** (s)	[ɔrganiza:tsija]
organisatie (proces)	**organizēšana** (s)	[ɔrganize:ʃana]
georganiseerd (bn)	**organizēts**	[ɔrganize:ts]
afzegging (de)	**atcelšana** (s)	[attselʃana]
afzeggen (ww)	**atcelt**	[attselt]
verslag (het)	**atskaite** (s)	[atskaite]
patent (het)	**patents** (v)	[patents]
patenteren (ww)	**patentēt**	[patente:t]
plannen (ww)	**plānot**	[pla:nɔt]
premie (de)	**prēmija** (s)	[pre:mija]
professioneel (bn)	**profesionāls**	[prɔfesiɔna:ls]
procedure (de)	**procedūra** (s)	[prɔtsɛdu:ra]
onderzoeken (contract, enz.)	**izskatīt**	[izskati:t]
berekening (de)	**aprēķins** (v)	[apre:tʲins]
reputatie (de)	**reputācija** (s)	[rɛputa:tsija]
risico (het)	**risks** (v)	[risks]
beheren (managen)	**vadīt**	[vadi:t]

informatie (de)	**ziņas** (s dsk)	[ziɲas]
eigendom (bezit)	**īpašums** (v)	[i:paʃums]
unie (de)	**savienība** (s)	[saviɛni:ba]
levensverzekering (de)	**dzīvības apdrošināšana** (s)	[dzi:vi:bas apdrɔʃina:ʃana]
verzekeren (ww)	**apdrošināt**	[apdrɔʃina:t]
verzekering (de)	**apdrošināšana** (s)	[apdrɔʃina:ʃana]
veiling (de)	**izsole** (s)	[izsɔle]
verwittigen (ww)	**paziņot**	[paziɲɔt]
beheer (het)	**vadīšana** (s)	[vadi:ʃana]
dienst (de)	**pakalpojums** (v)	[pakalpɔjums]
forum (het)	**forums** (v)	[fɔrums]
functioneren (ww)	**funkcionēt**	[funktsiɔne:t]
stap, etappe (de)	**posms** (v)	[pɔsms]
juridisch (bn)	**juridisks**	[juridisks]
jurist (de)	**jurists** (v)	[jurists]

72. Productie. Werken

industriële installatie (fabriek)	**rūpnīca** (s)	[ru:pni:tsa]
fabriek (de)	**fabrika** (s)	[fabrika]
werkplaatsruimte (de)	**cehs** (v)	[tsexs]
productielocatie (de)	**rūpniecības nozare** (s)	[ru:pniɛtsi:bas nɔzare]
industrie (de)	**rūpniecība** (s)	[ru:pniɛtsi:ba]
industrieel (bn)	**rūpniecisks**	[ru:pniɛtsisks]
zware industrie (de)	**smagā rūpniecība** (s)	[smaga: ru:pniɛtsi:ba]
lichte industrie (de)	**vieglā rūpniecība** (s)	[viɛgla: ru:pniɛtsi:ba]
productie (de)	**produkcija** (s)	[prɔduktsija]
produceren (ww)	**ražot**	[raʒɔt]
grondstof (de)	**izejviela** (s)	[izejviɛla]
voorman, ploegbaas (de)	**brigadieris** (v)	[brigadiɛris]
ploeg (de)	**brigāde** (s)	[briga:de]
arbeider (de)	**strādnieks** (v)	[stra:dniɛks]
werkdag (de)	**darba diena** (s)	[darba diɛna]
pauze (de)	**pārtraukums** (v)	[pa:rtraukums]
samenkomst (de)	**sapulce** (s)	[sapultse]
bespreken (spreken over)	**apspriest**	[apspriɛst]
plan (het)	**plāns** (v)	[pla:ns]
het plan uitvoeren	**izpildīt plānu**	[izpildi:t pla:nu]
productienorm (de)	**norma** (s)	[nɔrma]
kwaliteit (de)	**kvalitāte** (s)	[kvalita:te]
controle (de)	**kontrole** (s)	[kɔntrɔle]
kwaliteitscontrole (de)	**kvalitātes kontrole** (s)	[kvalita:tes kɔntrɔle]
arbeidsveiligheid (de)	**darba drošība** (s)	[darba drɔʃi:ba]
discipline (de)	**disciplīna** (s)	[distsipli:na]
overtreding (de)	**pārkāpums** (v)	[pa:rka:pums]

overtreden (ww)	**pārkāpt**	[pa:rka:pt]
staking (de)	**streiks** (v)	[strɛiks]
staker (de)	**streikotājs** (v)	[strɛikɔta:js]
staken (ww)	**streikot**	[strɛikɔt]
vakbond (de)	**arodbiedrība** (s)	[arɔdbiɛdri:ba]
uitvinden (machine, enz.)	**izgudrot**	[izgudrɔt]
uitvinding (de)	**izgudrojums** (v)	[izgudrɔjums]
onderzoek (het)	**pētījums** (v)	[pe:ti:jums]
verbeteren (beter maken)	**uzlabot**	[uzlabɔt]
technologie (de)	**tehnoloģija** (s)	[texnɔlɔdʲija]
technische tekening (de)	**rasējums** (v)	[rase:jums]
vracht (de)	**krava** (s)	[krava]
lader (de)	**krāvējs** (v)	[kra:ve:js]
laden (vrachtwagen)	**iekraut**	[iɛkraut]
laden (het)	**iekraušana** (s)	[iɛkrauʃana]
lossen (ww)	**izkraut**	[izkraut]
lossen (het)	**izkraušana** (s)	[izkrauʃana]
transport (het)	**transports** (v)	[transpɔrts]
transportbedrijf (de)	**transporta kompānija** (s)	[transpɔrta kɔmpa:nija]
transporteren (ww)	**transportēt**	[transpɔrte:t]
goederenwagon (de)	**vagons** (v)	[vagɔns]
tank (bijv. ketelwagen)	**cisterna** (s)	[tsisterna]
vrachtwagen (de)	**kravas automašīna** (s)	[kravas autɔmaʃi:na]
machine (de)	**darbmašīna** (s)	[darbmaʃi:na]
mechanisme (het)	**mehānisms** (v)	[mexa:nisms]
industrieel afval (het)	**atkritumi** (v dsk)	[atkritumi]
verpakking (de)	**iesaiņošana** (s)	[iɛsaiɲɔʃana]
verpakken (ww)	**iesaiņot**	[iɛsaiɲɔt]

73. Contract. Overeenstemming

contract (het)	**līgums** (v)	[li:gums]
overeenkomst (de)	**vienošanās** (s)	[viɛnɔʃana:s]
bijlage (de)	**pielikums** (v)	[piɛlikums]
een contract sluiten	**noslēgt līgumu**	[nɔsle:gt li:gumu]
handtekening (de)	**paraksts** (v)	[paraksts]
ondertekenen (ww)	**parakstīt**	[paraksti:t]
stempel (de)	**zīmogs** (v)	[zi:mɔgs]
voorwerp (het) van de overeenkomst	**līguma priekšmets** (v)	[li:guma priɛkʃmets]
clausule (de)	**punkts** (v)	[punkts]
partijen (mv.)	**puses** (s dsk)	[puses]
vestigingsadres (het)	**juridiska adrese** (s)	[juridiska adrɛse]
het contract verbreken (overtreden)	**pārkāpt līgumu**	[pa:rka:pt li:gumu]

verplichting (de)	**pienākums** (v)	[piɛna:kums]
verantwoordelijkheid (de)	**atbildība** (s)	[atbildi:ba]
overmacht (de)	**nepārvarama vara** (s)	[nɛpa:rvarama vara]
geschil (het)	**strīds** (v)	[stri:ds]
sancties (mv.)	**soda sankcijas** (s dsk)	[sɔda sanktsijas]

74. Import & Export

import (de)	**imports** (v)	[impɔrts]
importeur (de)	**importētājs** (v)	[impɔrtɛ:ta:js]
importeren (ww)	**importēt**	[impɔrte:t]
import- (abn)	**importa-**	[impɔrta-]
uitvoer (export)	**eksports** (v)	[ekspɔrts]
exporteur (de)	**eksportētājs** (v)	[ekspɔrtɛ:ta:js]
exporteren (ww)	**eksportēt**	[ekspɔrte:t]
uitvoer- (bijv., ~goederen)	**eksporta**	[ekspɔrta]
goederen (mv.)	**prece** (s)	[pretse]
partij (de)	**partija** (s)	[partija]
gewicht (het)	**svars** (v)	[svars]
volume (het)	**apjoms** (v)	[apjɔms]
kubieke meter (de)	**kubikmetrs** (v)	[kubikmetrs]
producent (de)	**ražotājs** (v)	[raʒɔta:js]
transportbedrijf (de)	**transporta kompānija** (s)	[transpɔrta kɔmpa:nija]
container (de)	**konteiners** (v)	[kɔntɛinɛrs]
grens (de)	**robeža** (s)	[rɔbeʒa]
douane (de)	**muita** (s)	[muita]
douanerecht (het)	**muitas nodeva** (s)	[muitas nɔdɛva]
douanier (de)	**muitas ierēdnis** (v)	[muitas iɛre:dnis]
smokkelen (het)	**kontrabanda** (s)	[kɔntrabanda]
smokkelwaar (de)	**kontrabanda** (s)	[kɔntrabanda]

75. Financiën

aandeel (het)	**akcija** (s)	[aktsija]
obligatie (de)	**obligācija** (s)	[ɔbliga:tsija]
wissel (de)	**vekselis** (v)	[vekselis]
beurs (de)	**birža** (s)	[birʒa]
aandelenkoers (de)	**akciju kurss** (v)	[aktsiju kurs]
dalen (ww)	**kļūt lētākam**	[klʲu:t lɛ:ta:kam]
stijgen (ww)	**kļūt dārgākam**	[klʲu:t da:rga:kam]
deel (het)	**akcija, paja** (s)	[aktsija], [paja]
meerderheidsbelang (het)	**kontroles pakete** (s)	[kɔntrɔles pakɛte]
investeringen (mv.)	**investīcijas** (s dsk)	[investi:tsijas]
investeren (ww)	**investēt**	[investe:t]

procent (het)	**procents** (v)	[prɔtsents]
rente (de)	**procenti** (v dsk)	[prɔtsenti]
winst (de)	**peļņa** (s)	[pelʲɲa]
winstgevend (bn)	**ienesīgs**	[iɛnesi:gs]
belasting (de)	**nodoklis** (v)	[nɔdɔklis]
valuta (vreemde ~)	**valūta** (s)	[valu:ta]
nationaal (bn)	**nacionāls**	[natsiɔna:ls]
ruil (de)	**apmaiņa** (s)	[apmaiɲa]
boekhouder (de)	**grāmatvedis** (v)	[gra:matvedis]
boekhouding (de)	**grāmatvedība** (s)	[gra:matvedi:ba]
bankroet (het)	**bankrots** (v)	[bankrɔts]
ondergang (de)	**krahs** (v)	[kraxs]
faillissement (het)	**izputēšana** (s)	[izpute:ʃana]
geruïneerd zijn (ww)	**izputēt**	[izpute:t]
inflatie (de)	**inflācija** (s)	[infla:tsija]
devaluatie (de)	**devalvācija** (s)	[dɛvalva:tsija]
kapitaal (het)	**kapitāls** (v)	[kapita:ls]
inkomen (het)	**ienākums** (v)	[iɛna:kums]
omzet (de)	**apgrieziens** (v)	[apgriɛziɛns]
middelen (mv.)	**resursi** (v dsk)	[rɛsursi]
financiële middelen (mv.)	**naudas līdzekļi** (v dsk)	[naudas li:dzeklʲi]
operationele kosten (mv.)	**pieskaitāmie izdevumi** (v dsk)	[piɛskaita:miɛ izdɛvumi]
reduceren (kosten ~)	**samazināt**	[samazina:t]

76. Marketing

marketing (de)	**mārketings** (v)	[ma:rketiŋgs]
markt (de)	**tirgus** (v)	[tirgus]
marktsegment (het)	**tirgus segments** (v)	[tirgus segments]
product (het)	**produkts** (v)	[prɔdukts]
goederen (mv.)	**prece** (s)	[pretse]
merk (het)	**zīmols** (v)	[zi:mɔls]
handelsmerk (het)	**tirdzniecības zīme** (s)	[tirdzniɛtsi:bas zi:me]
beeldmerk (het)	**firmas zīme** (s)	[firmas zi:me]
logo (het)	**logotips** (v)	[lɔgɔtips]
vraag (de)	**pieprasījums** (v)	[piɛprasi:jums]
aanbod (het)	**piedāvājums** (v)	[piɛda:va:jums]
behoefte (de)	**vajadzība** (s)	[vajadzi:ba]
consument (de)	**patērētājs** (v)	[patɛ:rɛ:ta:js]
analyse (de)	**analīze** (s)	[anali:ze]
analyseren (ww)	**analizēt**	[analize:t]
positionering (de)	**pozicionēšana** (s)	[pɔzitsiɔne:ʃana]
positioneren (ww)	**pozicionēt**	[pɔzitsiɔne:t]
prijs (de)	**cena** (s)	[tsɛna]
prijspolitiek (de)	**cenu politika** (s)	[tsenu pɔlitika]
prijsvorming (de)	**cenu izveidošana** (s)	[tsenu izvɛidɔʃana]

77. Reclame

reclame (de)	**reklāma** (s)	[rekla:ma]
adverteren (ww)	**reklamēt**	[reklame:t]
budget (het)	**budžets** (v)	[budʒets]
advertentie, reclame (de)	**reklāma** (s)	[rekla:ma]
TV-reclame (de)	**telereklāma** (s)	[tɛlɛrekla:ma]
radioreclame (de)	**radioreklāma** (s)	[radiɔrekla:ma]
buitenreclame (de)	**ārējā reklāma** (s)	[a:re:ja: rekla:ma]
massamedia (de)	**masu informācijas līdzekļi** (v dsk)	[masu infɔrma:tsijas li:dzekʲi]
periodiek (de)	**periodisks izdevums** (v)	[periɔdisks izdɛvums]
imago (het)	**imidžs** (v)	[imidʒs]
slagzin (de)	**lozungs** (v)	[lɔzuŋgs]
motto (het)	**devīze** (s)	[devi:ze]
campagne (de)	**kampaņa** (s)	[kampaɲa]
reclamecampagne (de)	**reklāmas kampaņa** (s)	[rekla:mas kampaɲa]
doelpubliek (het)	**mērķa auditorija** (s)	[me:rtʲa auditɔrija]
visitekaartje (het)	**vizītkarte** (s)	[vizi:tkarte]
flyer (de)	**skrejlapa** (s)	[skrejlapa]
brochure (de)	**brošūra** (s)	[brɔʃu:ra]
folder (de)	**buklets** (v)	[buklets]
nieuwsbrief (de)	**slimības lapa** (s)	[slimi:bas lapa]
gevelreclame (de)	**izkārtne** (s)	[izka:rtne]
poster (de)	**plakāts** (v)	[plaka:ts]
aanplakbord (het)	**reklāmu dēlis** (v)	[rekla:mu de:lis]

78. Bankieren

bank (de)	**banka** (s)	[banka]
bankfiliaal (het)	**nodaļa** (s)	[nɔdalʲa]
bankbediende (de)	**konsultants** (v)	[kɔnsultants]
manager (de)	**pārvaldnieks** (v)	[pa:rvaldniɛks]
bankrekening (de)	**konts** (v)	[kɔnts]
rekeningnummer (het)	**konta numurs** (v)	[kɔnta numurs]
lopende rekening (de)	**tekošais konts** (v)	[tekɔʃais kɔnts]
spaarrekening (de)	**iekrājumu konts** (v)	[iɛkra:jumu kɔnts]
een rekening openen	**atvērt kontu**	[atve:rt kɔntu]
de rekening sluiten	**aizvērt kontu**	[aizve:rt kɔntu]
op rekening storten	**nolikt kontā**	[nɔlikt kɔnta:]
opnemen (ww)	**izņemt no konta**	[izɲemt nɔ kɔnta]
storting (de)	**ieguldījums** (v)	[iɛguldi:jums]
een storting maken	**veikt ieguldījumu**	[vɛikt iɛguldi:jumu]

overschrijving (de)	**pārskaitījums** (v)	[pa:rskaiti:jums]
een overschrijving maken	**pārskaitīt**	[pa:rskaiti:t]
som (de)	**summa** (s)	[summa]
Hoeveel?	**Cik?**	[tsik?]
handtekening (de)	**paraksts** (v)	[paraksts]
ondertekenen (ww)	**parakstīt**	[paraksti:t]
kredietkaart (de)	**kredītkarte** (s)	[kredi:tkarte]
code (de)	**kods** (v)	[kɔds]
kredietkaartnummer (het)	**kredītkartes numurs** (v)	[kredi:tkartes numurs]
geldautomaat (de)	**bankomāts** (v)	[bankɔma:ts]
cheque (de)	**čeks** (v)	[tʃeks]
een cheque uitschrijven	**izrakstīt čeku**	[izraksti:t tʃɛku]
chequeboekje (het)	**čeku grāmatiņa** (s)	[tʃɛku gra:matiɲa]
lening, krediet (de)	**kredīts** (v)	[kredi:ts]
een lening aanvragen	**griezties pēc kredīta**	[griɛzties pe:ts kredi:ta]
een lening nemen	**ņemt kredītu**	[ɲemt kredi:tu]
een lening verlenen	**dot kredītu**	[dɔt kredi:tu]
garantie (de)	**garantija** (s)	[garantija]

79. Telefoon. Telefoongesprek

telefoon (de)	**tālrunis** (v)	[ta:lrunis]
mobieltje (het)	**mobilais tālrunis** (v)	[mɔbilais ta:lrunis]
antwoordapparaat (het)	**autoatbildētājs** (v)	[autɔatbildɛ:ta:js]
bellen (ww)	**zvanīt**	[zvani:t]
belletje (telefoontje)	**zvans** (v)	[zvans]
een nummer draaien	**uzgriezt telefona numuru**	[uzgriɛzt tɛlefɔna numuru]
Hallo!	**Hallo!**	[xallɔ!]
vragen (ww)	**pajautāt**	[pajauta:t]
antwoorden (ww)	**atbildēt**	[atbilde:t]
horen (ww)	**dzirdēt**	[dzirde:t]
goed (bw)	**labi**	[labi]
slecht (bw)	**slikti**	[slikti]
storingen (mv.)	**traucējumi** (v dsk)	[trautse:jumi]
hoorn (de)	**klausule** (s)	[klausule]
opnemen (ww)	**noņemt klausuli**	[nɔɲemt klausuli]
ophangen (ww)	**nolikt klausuli**	[nɔlikt klausuli]
bezet (bn)	**aizņemts**	[aizɲemts]
overgaan (ww)	**zvanīt**	[zvani:t]
telefoonboek (het)	**telefona grāmata** (s)	[tɛlefɔna gra:mata]
lokaal (bn)	**vietējais**	[viɛte:jais]
interlokaal (bn)	**starppilsētu**	[starppilsɛ:tu]
buitenlands (bn)	**starptautiskais**	[starptautiskais]

80. Mobiele telefoon

mobieltje (het)	**mobilais tālrunis** (v)	[mɔbilais ta:lrunis]
scherm (het)	**displejs** (v)	[displejs]
toets, knop (de)	**poga** (s)	[pɔga]
simkaart (de)	**SIM-karte** (s)	[sim-karte]
batterij (de)	**baterija** (s)	[baterija]
leeg zijn (ww)	**izlādēties**	[izla:de:tiɛs]
acculader (de)	**uzlādes ierīce** (s)	[uzla:des iɛri:tse]
menu (het)	**izvēlne** (s)	[izve:lne]
instellingen (mv.)	**uzstādījumi** (v dsk)	[uzsta:di:jumi]
melodie (beltoon)	**melodija** (s)	[melɔdija]
selecteren (ww)	**izvēlēties**	[izvɛ:le:tiɛs]
rekenmachine (de)	**kalkulators** (v)	[kalkulatɔrs]
voicemail (de)	**autoatbildētājs** (v)	[autɔatbildɛ:ta:js]
wekker (de)	**modinātājs** (v)	[mɔdina:ta:js]
contacten (mv.)	**telefona grāmata** (s)	[tɛlefɔna gra:mata]
SMS-bericht (het)	**SMS-ziņa** (s)	[sms-ziɲa]
abonnee (de)	**abonents** (v)	[abɔnents]

81. Schrijfbehoeften

balpen (de)	**lodīšu pildspalva** (s)	[lɔdi:ʃu pildspalva]
vulpen (de)	**spalvaskāts** (v)	[spalvaska:ts]
potlood (het)	**zīmulis** (v)	[zi:mulis]
marker (de)	**marķieris** (v)	[martʲiɛris]
viltstift (de)	**flomasteris** (v)	[flɔmasteris]
notitieboekje (het)	**bloknots** (v)	[blɔknɔts]
agenda (boekje)	**dienasgrāmata** (s)	[diɛnasgra:mata]
liniaal (de/het)	**lineāls** (v)	[linea:ls]
rekenmachine (de)	**kalkulators** (v)	[kalkulatɔrs]
gom (de)	**dzēšgumija** (s)	[dze:ʃgumija]
punaise (de)	**piespraude** (s)	[piɛspraude]
paperclip (de)	**saspraude** (s)	[saspraude]
lijm (de)	**līme** (s)	[li:me]
nietmachine (de)	**skavotājs** (v)	[skavɔta:js]
perforator (de)	**caurumotājs** (v)	[tsaurumɔta:js]
potloodslijper (de)	**zīmuļu asināmais** (v)	[zi:mulʲu asina:mais]

82. Soorten bedrijven

boekhouddiensten (mv.)	**grāmatvežu pakalpojumi** (v dsk)	[gra:matveʒu pakalpɔjumi]
reclame (de)	**reklāma** (s)	[rekla:ma]

reclamebureau (het)	**reklāmas aģentūra** (s)	[rekla:mas adʲentu:ra]
airconditioning (de)	**kondicionieri** (v dsk)	[kɔnditsiɔniɛri]
luchtvaartmaatschappij (de)	**aviokompānija** (s)	[aviɔkɔmpa:nija]
alcoholische dranken (mv.)	**alkoholiskie dzērieni** (v dsk)	[alkɔxɔliskiɛ dze:riɛni]
antiek (het)	**antikvariāts** (v)	[antikvaria:ts]
kunstgalerie (de)	**mākslas galerija** (s)	[ma:kslas galerija]
audit diensten (mv.)	**audita pakalpojumi** (v dsk)	[audita pakalpɔjumi]
banken (mv.)	**banku bizness** (v)	[banku biznes]
bar (de)	**bārs** (v)	[ba:rs]
schoonheidssalon (de/het)	**skaistuma salons** (v)	[skaistuma salɔns]
boekhandel (de)	**grāmatnīca** (s)	[gra:matni:tsa]
bierbrouwerij (de)	**alus darītava** (s)	[alus dari:tava]
zakencentrum (het)	**bizness-centrs** (v)	[biznes-tsentrs]
business school (de)	**bizness-skola** (s)	[biznes-skɔla]
casino (het)	**kazino** (v)	[kazinɔ]
bouwbedrijven (mv.)	**būvniecība** (s)	[bu:vniɛtsi:ba]
adviesbureau (het)	**konsultācijas** (s dsk)	[kɔnsulta:tsijas]
tandheelkunde (de)	**stomatoloģija** (s)	[stɔmatɔlɔdʲija]
design (het)	**dizains** (v)	[dizains]
apotheek (de)	**aptieka** (s)	[aptiɛka]
stomerij (de)	**ķīmiskā tīrītava** (s)	[tʲi:miska: ti:ri:tava]
uitzendbureau (het)	**nodarbinātības aģentūra** (s)	[nɔdarbina:ti:bas adʲentu:ra]
financiële diensten (mv.)	**finanšu pakalpojumi** (v dsk)	[finanʃu pakalpɔjumi]
voedingswaren (mv.)	**pārtikas produkti** (v dsk)	[pa:rtikas prɔdukti]
uitvaartcentrum (het)	**apbedīšanas birojs** (v)	[apbedi:ʃanas birɔjs]
meubilair (het)	**mēbeles** (s dsk)	[me:bɛles]
kleding (de)	**apģērbs** (v)	[apdʲe:rbs]
hotel (het)	**viesnīca** (s)	[viɛsni:tsa]
IJsje (het)	**saldējums** (v)	[salde:jums]
industrie (de)	**rūpniecība** (s)	[ru:pniɛtsi:ba]
verzekering (de)	**apdrošināšana** (s)	[apdrɔʃina:ʃana]
Internet (het)	**internets** (v)	[internets]
investeringen (mv.)	**investīcijas** (s dsk)	[investi:tsijas]
juwelier (de)	**juvelieris** (v)	[juveliɛris]
juwelen (mv.)	**juvelieru izstrādājumi** (v dsk)	[juveliɛru izstra:da:jumi]
wasserette (de)	**veļas mazgātava** (s)	[vɛlʲas mazga:tava]
juridische diensten (mv.)	**juristu pakalpojumi** (v dsk)	[juristu pakalpɔjumi]
lichte industrie (de)	**vieglā rūpniecība** (s)	[viɛgla: ru:pniɛtsi:ba]
tijdschrift (het)	**žurnāls** (v)	[ʒurna:ls]
postorderbedrijven (mv.)	**tirdzniecība pēc katalogu** (s)	[tirdzniɛtsi:ba pe:ts katalɔgu]
medicijnen (mv.)	**medicīna** (s)	[meditsi:na]
bioscoop (de)	**kinoteātris** (v)	[kinɔtea:tris]
museum (het)	**muzejs** (v)	[muzejs]
persbureau (het)	**informāciju aģentūra** (s)	[infɔrma:tsiju adʲentu:ra]
krant (de)	**laikraksts** (v)	[laikraksts]
nachtclub (de)	**naktsklubs** (v)	[naktsklubs]
olie (aardolie)	**nafta** (s)	[nafta]

koerierdienst (de)	**kurjeru dienests** (v)	[kurjeru diɛnests]
geneesmiddelen (mv.)	**farmācija** (s)	[farma:tsija]
drukkerij (de)	**poligrāfija** (s)	[pɔligra:fija]
uitgeverij (de)	**izdevniecība** (s)	[izdevniɛtsi:ba]
radio (de)	**radio** (v)	[radiɔ]
vastgoed (het)	**nekustamais īpašums** (v)	[nɛkustamais i:paʃums]
restaurant (het)	**restorāns** (v)	[restɔra:ns]
bewakingsfirma (de)	**apsardzes aģentūra** (s)	[apsardzes adʲentu:ra]
sport (de)	**sports** (v)	[spɔrts]
handelsbeurs (de)	**birža** (s)	[birʒa]
winkel (de)	**veikals** (v)	[vɛikals]
supermarkt (de)	**lielveikals** (v)	[liɛlvɛikals]
zwembad (het)	**baseins** (v)	[basɛins]
naaiatelier (het)	**ateljē** (v)	[atelje:]
televisie (de)	**televīzija** (s)	[tɛlevi:zija]
theater (het)	**teātris** (v)	[tea:tris]
handel (de)	**tirdzniecība** (s)	[tirdzniɛtsi:ba]
transport (het)	**pārvadājumi** (v dsk)	[pa:rvada:jumi]
toerisme (het)	**tūrisms** (v)	[tu:risms]
dierenarts (de)	**veterinārs** (v)	[vɛterina:rs]
magazijn (het)	**noliktava** (s)	[nɔliktava]
afvalinzameling (de)	**atkritumu izvešana** (s)	[atkritumu izveʃana]

Baan. Business. Deel 2

83. Show. Tentoonstelling

beurs (de)	**izstāde** (s)	[izsta:de]
vakbeurs, handelsbeurs (de)	**tirdzniecības izstāde** (s)	[tirdzniɛtsi:bas izsta:de]
deelneming (de)	**piedalīšanās** (s)	[piɛdali:ʃana:s]
deelnemen (ww)	**piedalīties**	[piɛdali:tiɛs]
deelnemer (de)	**dalībnieks** (v)	[dali:bniɛks]
directeur (de)	**direktors** (v)	[direktɔrs]
organisatiecomité (het)	**direkcija** (s)	[direktsija]
organisator (de)	**organizators** (v)	[ɔrganizatɔrs]
organiseren (ww)	**organizēt**	[ɔrganize:t]
deelnemingsaanvraag (de)	**pieteikums** (v) **dalībai**	[piɛtɛikums dali:bai]
invullen (een formulier ~)	**aizpildīt**	[aizpildi:t]
details (mv.)	**detaļas** (s dsk)	[dɛtalʲas]
informatie (de)	**informācija** (s)	[infɔrma:tsija]
prijs (de)	**cena** (s)	[tsɛna]
inclusief (bijv. ~ BTW)	**ieskaitot**	[iɛskaitɔt]
inbegrepen (alles ~)	**ietvert**	[iɛtvert]
betalen (ww)	**maksāt**	[maksa:t]
registratietarief (het)	**reģistrācijas iemaksa** (s)	[redʲistra:tsijas iɛmaksa]
ingang (de)	**ieeja** (s)	[iɛeja]
paviljoen (het), hal (de)	**paviljons** (v)	[paviljɔns]
registreren (ww)	**reģistrēt**	[redʲistre:t]
badge, kaart (de)	**personas karte** (s)	[pɛrsɔnas karte]
beursstand (de)	**stends** (v)	[stends]
reserveren (een stand ~)	**rezervēt**	[rɛzerve:t]
vitrine (de)	**skatlogs** (v)	[skatlɔgs]
licht (het)	**gaismeklis** (v)	[gaismeklis]
design (het)	**dizains** (v)	[dizains]
plaatsen (ww)	**izvietot**	[izviɛtɔt]
geplaatst zijn (ww)	**atrasties**	[atrastiɛs]
distributeur (de)	**izplatītājs** (v)	[izplati:ta:js]
leverancier (de)	**piegādātājs** (v)	[piɛga:da:ta:js]
leveren (ww)	**piegādāt**	[piɛga:da:t]
land (het)	**valsts** (s)	[valsts]
buitenlands (bn)	**ārzemju**	[a:rzemju]
product (het)	**produkts** (v)	[prɔdukts]
associatie (de)	**asociācija** (s)	[asɔtsia:tsija]
conferentiezaal (de)	**konferenču zāle** (s)	[kɔnfɛrentʃu za:le]

congres (het)	**kongress** (v)	[kɔŋgres]
wedstrijd (de)	**konkurss** (v)	[kɔnkurs]
bezoeker (de)	**apmeklētājs** (v)	[apmeklɛ:ta:js]
bezoeken (ww)	**apmeklēt**	[apmekle:t]
afnemer (de)	**pasūtītājs** (v)	[pasu:ti:ta:js]

84. Wetenschap. Onderzoek. Wetenschappers

wetenschap (de)	**zinātne** (s)	[zina:tne]
wetenschappelijk (bn)	**zinātnisks**	[zina:tnisks]
wetenschapper (de)	**zinātnieks** (v)	[zina:tniɛks]
theorie (de)	**teorija** (s)	[teɔrija]
axioma (het)	**aksioma** (s)	[aksiɔma]
analyse (de)	**analīze** (s)	[anali:ze]
analyseren (ww)	**analizēt**	[analize:t]
argument (het)	**arguments** (v)	[arguments]
substantie (de)	**viela** (s)	[viɛla]
hypothese (de)	**hipotēze** (s)	[xipɔtɛ:ze]
dilemma (het)	**dilemma** (s)	[dilemma]
dissertatie (de)	**disertācija** (s)	[diserta:tsija]
dogma (het)	**dogma** (s)	[dɔgma]
doctrine (de)	**doktrīna** (s)	[dɔktri:na]
onderzoek (het)	**pētījums** (v)	[pe:ti:jums]
onderzoeken (ww)	**pētīt**	[pe:ti:t]
toetsing (de)	**kontrole** (s)	[kɔntrɔle]
laboratorium (het)	**laboratorija** (s)	[labɔratɔrija]
methode (de)	**metode** (s)	[metɔde]
molecule (de/het)	**molekula** (s)	[mɔlɛkula]
monitoring (de)	**monitorings** (v)	[mɔnitɔriŋgs]
ontdekking (de)	**atklājums** (v)	[atkla:jums]
postulaat (het)	**postulāts** (v)	[pɔstula:ts]
principe (het)	**princips** (v)	[printsips]
voorspelling (de)	**prognoze** (s)	[prɔgnɔze]
een prognose maken	**prognozēt**	[prɔgnɔze:t]
synthese (de)	**sintēze** (s)	[sintɛ:ze]
tendentie (de)	**tendence** (s)	[tendentse]
theorema (het)	**teorēma** (s)	[teɔrɛ:ma]
leerstellingen (mv.)	**mācība** (s)	[ma:tsi:ba]
feit (het)	**fakts** (v)	[fakts]
expeditie (de)	**ekspedīcija** (s)	[ekspedi:tsija]
experiment (het)	**eksperiments** (v)	[eksperiments]
academicus (de)	**akadēmiķis** (v)	[akade:mitʲis]
bachelor (bijv. BA, LLB)	**bakalaurs** (v)	[bakalaurs]
doctor (de)	**doktors** (v)	[dɔktɔrs]
universitair docent (de)	**docents** (v)	[dɔtsents]

master, magister (de)	**maģistrs** (v)	[madʲistrs]
professor (de)	**profesors** (v)	[prɔfesɔrs]

Beroepen en ambachten

85. Zoeken naar werk. Ontslag

baan (de)	**darbs** (v)	[darbs]
personeel (het)	**štats** (v)	[ʃtats]
carrière (de)	**karjera** (s)	[karjera]
vooruitzichten (mv.)	**perspektīva** (s)	[pɛrspekti:va]
meesterschap (het)	**meistarība** (s)	[mɛistari:ba]
keuze (de)	**izlase** (s)	[izlase]
uitzendbureau (het)	**nodarbinātības aģentūra** (s)	[nɔdarbina:ti:bas adʲentu:ra]
CV, curriculum vitae (het)	**kopsavilkums** (v)	[kɔpsavilkums]
sollicitatiegesprek (het)	**darba intervija** (s)	[darba intervija]
vacature (de)	**vakance** (s)	[vakantse]
salaris (het)	**darba alga** (s)	[darba alga]
vaste salaris (het)	**alga** (s)	[alga]
loon (het)	**samaksa** (s)	[samaksa]
betrekking (de)	**amats** (v)	[amats]
taak, plicht (de)	**pienākums** (v)	[piɛna:kums]
takenpakket (het)	**loks** (v)	[lɔks]
bezig (~ zijn)	**aizņemts**	[aizɲemts]
ontslagen (ww)	**atlaist**	[atlaist]
ontslag (het)	**atlaišana** (s)	[atlaiʃana]
werkloosheid (de)	**bezdarbs** (v)	[bezdarbs]
werkloze (de)	**bezdarbnieks** (v)	[bezdarbniɛks]
pensioen (het)	**pensija** (s)	[pensija]
met pensioen gaan	**aiziet pensijā**	[aiziɛt pensija:]

86. Zakenmensen

directeur (de)	**direktors** (v)	[direktɔrs]
beheerder (de)	**pārvaldnieks** (v)	[pa:rvaldniɛks]
hoofd (het)	**vadītājs** (v)	[vadi:ta:js]
baas (de)	**priekšnieks** (v)	[priɛkʃniɛks]
superieuren (mv.)	**priekšniecība** (s)	[priɛkʃniɛtsi:ba]
president (de)	**prezidents** (v)	[prezidents]
voorzitter (de)	**priekšsēdētājs** (v)	[priɛkʃsɛ:dɛ:ta:js]
adjunct (de)	**aizvietotājs** (v)	[aizviɛtɔta:js]
assistent (de)	**palīgs** (v)	[pali:gs]
secretaris (de)	**sekretārs** (v)	[sekrɛta:rs]

persoonlijke assistent (de)	**personīgais sekretārs** (v)	[pɛrsɔni:gais sekrɛta:rs]
zakenman (de)	**biznesmenis** (v)	[biznesmenis]
ondernemer (de)	**uzņēmējs** (v)	[uzɲɛ:me:js]
oprichter (de)	**pamatlicējs** (v)	[pamatlitse:js]
oprichten (een nieuw bedrijf ~)	**nodibināt**	[nɔdibina:t]
stichter (de)	**dibinātājs** (v)	[dibina:ta:js]
partner (de)	**partneris** (v)	[partneris]
aandeelhouder (de)	**akcionārs** (v)	[aktsiɔna:rs]
miljonair (de)	**miljonārs** (v)	[miljɔna:rs]
miljardair (de)	**miljardieris** (v)	[miljardiɛris]
eigenaar (de)	**īpašnieks** (v)	[i:paʃniɛks]
landeigenaar (de)	**zemes īpašnieks** (v)	[zɛmes i:paʃniɛks]
klant (de)	**klients** (v)	[kliɛnts]
vaste klant (de)	**pastāvīgais klients** (v)	[pasta:vi:gais kliɛnts]
koper (de)	**pircējs** (v)	[pirtse:js]
bezoeker (de)	**apmeklētājs** (v)	[apmeklɛ:ta:js]
professioneel (de)	**profesionālis** (v)	[prɔfesiɔna:lis]
expert (de)	**eksperts** (v)	[eksperts]
specialist (de)	**speciālists** (v)	[spetsia:lists]
bankier (de)	**baņķieris** (v)	[baɲtʲiɛris]
makelaar (de)	**brokeris** (v)	[brɔkeris]
kassier (de)	**kasieris** (v)	[kasiɛris]
boekhouder (de)	**grāmatvedis** (v)	[gra:matvedis]
bewaker (de)	**apsargs** (v)	[apsargs]
investeerder (de)	**investors** (v)	[investɔrs]
schuldenaar (de)	**parādnieks** (v)	[para:dniɛks]
crediteur (de)	**kreditors** (v)	[kreditɔrs]
lener (de)	**aizņēmējs** (v)	[aizɲɛ:me:js]
importeur (de)	**importētājs** (v)	[impɔrtɛ:ta:js]
exporteur (de)	**eksportētājs** (v)	[ekspɔrtɛ:ta:js]
producent (de)	**ražotājs** (v)	[raʒɔta:js]
distributeur (de)	**izplatītājs** (v)	[izplati:ta:js]
bemiddelaar (de)	**starpnieks** (v)	[starpniɛks]
adviseur, consulent (de)	**konsultants** (v)	[kɔnsultants]
vertegenwoordiger (de)	**pārstāvis** (v)	[pa:rsta:vis]
agent (de)	**aģents** (v)	[adʲents]
verzekeringsagent (de)	**apdrošināšanas aģents** (v)	[apdrɔʃina:ʃanas adʲents]

87. Dienstverlenende beroepen

kok (de)	**pavārs** (v)	[pava:rs]
chef-kok (de)	**šefpavārs** (v)	[ʃefpava:rs]
bakker (de)	**maiznieks** (v)	[maizniɛks]

barman (de)	**bārmenis** (v)	[ba:rmenis]
kelner, ober (de)	**oficiants** (v)	[ɔfitsiants]
serveerster (de)	**oficiante** (s)	[ɔfitsiante]
advocaat (de)	**advokāts** (v)	[advɔka:ts]
jurist (de)	**jurists** (v)	[jurists]
notaris (de)	**notārs** (v)	[nɔta:rs]
elektricien (de)	**elektriķis** (v)	[ɛlektritʲis]
loodgieter (de)	**santehniķis** (v)	[santexnitʲis]
timmerman (de)	**namdaris** (v)	[namdaris]
masseur (de)	**masieris** (v)	[masiɛris]
masseuse (de)	**masiere** (s)	[masiɛre]
dokter, arts (de)	**ārsts** (v)	[a:rsts]
taxichauffeur (de)	**taksists** (v)	[taksists]
chauffeur (de)	**šoferis** (v)	[ʃɔferis]
koerier (de)	**kurjers** (v)	[kurjers]
kamermeisje (het)	**istabene** (s)	[istabɛne]
bewaker (de)	**apsargs** (v)	[apsargs]
stewardess (de)	**stjuarte** (s)	[stjuarte]
meester (de)	**skolotājs** (v)	[skɔlɔta:js]
bibliothecaris (de)	**bibliotekārs** (v)	[bibliɔtɛka:rs]
vertaler (de)	**tulks** (v)	[tulks]
tolk (de)	**tulks** (v)	[tulks]
gids (de)	**gids** (v)	[gids]
kapper (de)	**frizieris** (v)	[friziɛris]
postbode (de)	**pastnieks** (v)	[pastniɛks]
verkoper (de)	**pārdevējs** (v)	[pa:rdɛve:js]
tuinman (de)	**dārznieks** (v)	[da:rzniɛks]
huisbediende (de)	**kalps** (v)	[kalps]
dienstmeisje (het)	**kalpone** (s)	[kalpɔne]
schoonmaakster (de)	**apkopēja** (s)	[apkɔpe:ja]

88. Militaire beroepen en rangen

soldaat (rang)	**ierindnieks** (v)	[iɛrindniɛks]
sergeant (de)	**seržants** (v)	[serʒants]
luitenant (de)	**leitnants** (v)	[lɛitnants]
kapitein (de)	**kapteinis** (v)	[kaptɛinis]
majoor (de)	**majors** (v)	[majɔrs]
kolonel (de)	**pulkvedis** (v)	[pulkvedis]
generaal (de)	**ģenerālis** (v)	[dʲɛnɛra:lis]
maarschalk (de)	**maršals** (v)	[marʃals]
admiraal (de)	**admirālis** (v)	[admira:lis]
militair (de)	**karavīrs** (v)	[karavi:rs]
soldaat (de)	**karavīrs** (v)	[karavi:rs]

officier (de)	**virsnieks** (v)	[virsniɛks]
commandant (de)	**komandieris** (v)	[kɔmandiɛris]
grenswachter (de)	**robežsargs** (v)	[rɔbeʒsargs]
marconist (de)	**radists** (v)	[radists]
verkenner (de)	**izlūks** (v)	[izlu:ks]
sappeur (de)	**sapieris** (v)	[sapiɛris]
schutter (de)	**šāvējs** (v)	[ʃa:ve:js]
stuurman (de)	**stūrmanis** (v)	[stu:rmanis]

89. Ambtenaren. Priesters

koning (de)	**karalis** (v)	[karalis]
koningin (de)	**karaliene** (s)	[karaliɛne]
prins (de)	**princis** (v)	[printsis]
prinses (de)	**princese** (s)	[printsɛse]
tsaar (de)	**cars** (v)	[tsars]
tsarina (de)	**cariene** (s)	[tsariɛne]
president (de)	**prezidents** (v)	[prezidents]
minister (de)	**ministrs** (v)	[ministrs]
eerste minister (de)	**premjerministrs** (v)	[premjerministrs]
senator (de)	**senators** (v)	[sɛnatɔrs]
diplomaat (de)	**diplomāts** (v)	[diplɔma:ts]
consul (de)	**konsuls** (v)	[kɔnsuls]
ambassadeur (de)	**vēstnieks** (v)	[ve:stniɛks]
adviseur (de)	**padomnieks** (v)	[padɔmniɛks]
ambtenaar (de)	**ierēdnis** (v)	[iɛre:dnis]
prefect (de)	**prefekts** (v)	[prefekts]
burgemeester (de)	**mērs** (v)	[mɛ:rs]
rechter (de)	**tiesnesis** (v)	[tiɛsnesis]
aanklager (de)	**prokurors** (v)	[prɔkurɔrs]
missionaris (de)	**misionārs** (v)	[misiɔna:rs]
monnik (de)	**mūks** (v)	[mu:ks]
abt (de)	**abats** (v)	[abats]
rabbi, rabbijn (de)	**rabīns** (v)	[rabi:ns]
vizier (de)	**vezīrs** (v)	[vezi:rs]
sjah (de)	**šahs** (v)	[ʃaxs]
sjeik (de)	**šeihs** (v)	[ʃɛixs]

90. Agrarische beroepen

imker (de)	**biškopis** (v)	[biʃkɔpis]
herder (de)	**gans** (v)	[gans]
landbouwkundige (de)	**agronoms** (v)	[agrɔnɔms]

veehouder (de)	**lopkopis** (v)	[lɔpkɔpis]
dierenarts (de)	**veterinārs** (v)	[vɛterina:rs]
landbouwer (de)	**fermeris** (v)	[fermeris]
wijnmaker (de)	**vīndaris** (v)	[vi:ndaris]
zoöloog (de)	**zoologs** (v)	[zɔɔlɔgs]
cowboy (de)	**kovbojs** (v)	[kɔvbɔjs]

91. Kunst beroepen

acteur (de)	**aktieris** (v)	[aktiɛris]
actrice (de)	**aktrise** (s)	[aktrise]
zanger (de)	**dziedātājs** (v)	[dziɛda:ta:js]
zangeres (de)	**dziedātāja** (s)	[dziɛda:ta:ja]
danser (de)	**dejotājs** (v)	[dejɔta:js]
danseres (de)	**dejotāja** (s)	[dejɔta:ja]
artiest (mann.)	**mākslinieks** (v)	[ma:ksliniɛks]
artiest (vrouw.)	**māksliniece** (s)	[ma:ksliniɛtse]
muzikant (de)	**mūziķis** (v)	[mu:zitʲis]
pianist (de)	**pianists** (v)	[pianists]
gitarist (de)	**ģitārists** (v)	[dʲita:rists]
orkestdirigent (de)	**diriģents** (v)	[diridʲents]
componist (de)	**komponists** (v)	[kɔmpɔnists]
impresario (de)	**impresārijs** (v)	[imprɛsa:rijs]
filmregisseur (de)	**režisors** (v)	[reʒisɔrs]
filmproducent (de)	**producents** (v)	[prɔdutsents]
scenarioschrijver (de)	**scenārija autors** (v)	[stsɛna:rija autɔrs]
criticus (de)	**kritiķis** (v)	[krititʲis]
schrijver (de)	**rakstnieks** (v)	[rakstniɛks]
dichter (de)	**dzejnieks** (v)	[dzejniɛks]
beeldhouwer (de)	**skulptors** (v)	[skulptɔrs]
kunstenaar (de)	**mākslinieks** (v)	[ma:ksliniɛks]
jongleur (de)	**žonglieris** (v)	[ʒɔŋgliɛris]
clown (de)	**klauns** (v)	[klauns]
acrobaat (de)	**akrobāts** (v)	[akrɔba:ts]
goochelaar (de)	**burvju mākslinieks** (v)	[burvju ma:ksliniɛks]

92. Verschillende beroepen

dokter, arts (de)	**ārsts** (v)	[a:rsts]
ziekenzuster (de)	**medmāsa** (s)	[medma:sa]
psychiater (de)	**psihiatrs** (v)	[psixiatrs]
tandarts (de)	**stomatologs** (v)	[stɔmatɔlɔgs]
chirurg (de)	**ķirurgs** (v)	[tʲirurgs]

astronaut (de)	**astronauts** (v)	[astrɔnauts]
astronoom (de)	**astronoms** (v)	[astrɔnɔms]
chauffeur (de)	**vadītājs** (v)	[vadi:ta:js]
machinist (de)	**mašīnists** (v)	[maʃi:nists]
mecanicien (de)	**mehāniķis** (v)	[mexa:nitʲis]
mijnwerker (de)	**ogļracis** (v)	[ɔglʲratsis]
arbeider (de)	**strādnieks** (v)	[stra:dniɛks]
bankwerker (de)	**atslēdznieks** (v)	[atsle:dzniɛks]
houtbewerker (de)	**galdnieks** (v)	[galdniɛks]
draaier (de)	**virpotājs** (v)	[virpɔta:js]
bouwvakker (de)	**celtnieks** (v)	[tseltniɛks]
lasser (de)	**metinātājs** (v)	[metina:ta:js]
professor (de)	**profesors** (v)	[prɔfesɔrs]
architect (de)	**arhitekts** (v)	[arxitekts]
historicus (de)	**vēsturnieks** (v)	[ve:sturniɛks]
wetenschapper (de)	**zinātnieks** (v)	[zina:tniɛks]
fysicus (de)	**fiziķis** (v)	[fizitʲis]
scheikundige (de)	**ķīmiķis** (v)	[tʲi:mitʲis]
archeoloog (de)	**arheologs** (v)	[arxeɔlɔgs]
geoloog (de)	**ģeologs** (v)	[dʲeɔlɔgs]
onderzoeker (de)	**pētnieks** (v)	[pe:tniɛks]
babysitter (de)	**aukle** (s)	[aukle]
leraar, pedagoog (de)	**pedagogs** (v)	[pɛdagɔgs]
redacteur (de)	**redaktors** (v)	[rɛdaktɔrs]
chef-redacteur (de)	**galvenais redaktors** (v)	[galvɛnais rɛdaktɔrs]
correspondent (de)	**korespondents** (v)	[kɔrespɔndents]
typiste (de)	**mašīnrakstītāja** (s)	[maʃi:nraksti:ta:ja]
designer (de)	**dizainers** (v)	[dizainɛrs]
computerexpert (de)	**datoru eksperts** (v)	[datɔru eksperts]
programmeur (de)	**programmētājs** (v)	[prɔgrammɛ:ta:js]
ingenieur (de)	**inženieris** (v)	[inʒeniɛris]
matroos (de)	**jūrnieks** (v)	[ju:rniɛks]
zeeman (de)	**matrozis** (v)	[matrɔzis]
redder (de)	**glābējs** (v)	[gla:be:js]
brandweerman (de)	**ugunsdzēsējs** (v)	[ugunsdzɛ:se:js]
politieagent (de)	**policists** (v)	[pɔlitsists]
nachtwaker (de)	**sargs** (v)	[sargs]
detective (de)	**detektīvs** (v)	[dɛtekti:vs]
douanier (de)	**muitas ierēdnis** (v)	[muitas iɛre:dnis]
lijfwacht (de)	**miesassargs** (v)	[miɛsasargs]
gevangenisbewaker (de)	**uzraugs** (v)	[uzraugs]
inspecteur (de)	**inspektors** (v)	[inspektɔrs]
sportman (de)	**sportists** (v)	[spɔrtists]
trainer (de)	**treneris** (v)	[trɛneris]
slager, beenhouwer (de)	**miesnieks** (v)	[miɛsniɛks]

schoenlapper (de)	**kurpnieks** (v)	[kurpniɛks]
handelaar (de)	**komersants** (v)	[kɔmɛrsants]
lader (de)	**krāvējs** (v)	[kra:ve:js]
kledingstilist (de)	**modelētājs** (v)	[mɔdɛlɛ:ta:js]
model (het)	**modele** (s)	[mɔdɛle]

93. Beroepen. Sociale status

scholier (de)	**skolnieks** (v)	[skɔlniɛks]
student (de)	**students** (v)	[students]
filosoof (de)	**filosofs** (v)	[filɔsɔfs]
econoom (de)	**ekonomists** (v)	[ekɔnɔmists]
uitvinder (de)	**izgudrotājs** (v)	[izgudrɔta:js]
werkloze (de)	**bezdarbnieks** (v)	[bezdarbniɛks]
gepensioneerde (de)	**pensionārs** (v)	[pensiɔna:rs]
spion (de)	**spiegs** (v)	[spiɛgs]
gedetineerde (de)	**ieslodzītais** (v)	[iɛslɔdzi:tais]
staker (de)	**streikotājs** (v)	[strɛikɔta:js]
bureaucraat (de)	**birokrāts** (v)	[birɔkra:ts]
reiziger (de)	**ceļotājs** (v)	[tselʲɔta:js]
homoseksueel (de)	**homoseksuālists** (v)	[xɔmɔseksua:lists]
hacker (computerkraker)	**hakeris** (v)	[xakeris]
hippie (de)	**hipijs** (v)	[xipijs]
bandiet (de)	**bandīts** (v)	[bandi:ts]
huurmoordenaar (de)	**algots slepkava** (v)	[algɔts slepkava]
drugsverslaafde (de)	**narkomāns** (v)	[narkɔma:ns]
drugshandelaar (de)	**narkotiku tirgotājs** (v)	[narkɔtiku tirgɔta:js]
prostituee (de)	**prostitūta** (s)	[prɔstitu:ta]
pooier (de)	**suteners** (v)	[sutɛnɛrs]
tovenaar (de)	**burvis** (v)	[burvis]
tovenares (de)	**burve** (s)	[burve]
piraat (de)	**pirāts** (v)	[pira:ts]
slaaf (de)	**vergs** (v)	[vergs]
samoerai (de)	**samurajs** (v)	[samurajs]
wilde (de)	**mežonis** (v)	[meʒɔnis]

Onderwijs

94. School

school (de)	**skola** (s)	[skɔla]
schooldirecteur (de)	**skolas direktors** (v)	[skɔlas direktɔrs]
leerling (de)	**skolnieks** (v)	[skɔlniɛks]
leerlinge (de)	**skolniece** (s)	[skɔlniɛtse]
scholier (de)	**skolnieks** (v)	[skɔlniɛks]
scholiere (de)	**skolniece** (s)	[skɔlniɛtse]
leren (lesgeven)	**mācīt**	[ma:tsi:t]
studeren (bijv. een taal ~)	**mācīties**	[ma:tsi:tiɛs]
van buiten leren	**mācīties no galvas**	[ma:tsi:ties nɔ galvas]
leren (bijv. ~ tellen)	**mācīties**	[ma:tsi:tiɛs]
in school zijn (schooljongen zijn)	**mācīties**	[ma:tsi:tiɛs]
naar school gaan	**iet skolā**	[iɛt skɔla:]
alfabet (het)	**alfabēts** (v)	[alfabe:ts]
vak (schoolvak)	**mācības priekšmets** (v)	[ma:tsi:bas priɛkʃmets]
klaslokaal (het)	**klase** (s)	[klase]
les (de)	**stunda** (s)	[stunda]
pauze (de)	**starpbrīdis** (v)	[starpbri:dis]
bel (de)	**zvans** (v)	[zvans]
schooltafel (de)	**skolas sols** (v)	[skɔlas sɔls]
schoolbord (het)	**tāfele** (s)	[ta:fɛle]
cijfer (het)	**atzīme** (s)	[atzi:me]
goed cijfer (het)	**laba atzīme** (s)	[laba atzi:me]
slecht cijfer (het)	**slikta atzīme** (s)	[slikta atzi:me]
een cijfer geven	**likt atzīmi**	[likt atzi:mi]
fout (de)	**kļūda** (s)	[klʲu:da]
fouten maken	**kļūdīties**	[klʲu:di:tiɛs]
corrigeren (fouten ~)	**labot**	[labɔt]
spiekbriefje (het)	**špikeris** (v)	[ʃpikeris]
huiswerk (het)	**mājas darbs** (v)	[ma:jas darbs]
oefening (de)	**vingrinājums** (v)	[viŋgrina:jums]
aanwezig zijn (ww)	**būt klāt**	[bu:t kla:t]
absent zijn (ww)	**nebūt klāt**	[nɛbu:t kla:t]
school verzuimen	**kavēt stundas**	[kave:t stundas]
bestraffen (een stout kind ~)	**sodīt**	[sɔdi:t]
bestraffing (de)	**sods** (v)	[sɔds]

gedrag (het)	**uzvedība** (s)	[uzvedi:ba]
cijferlijst (de)	**dienasgrāmata** (s)	[diɛnasgra:mata]
potlood (het)	**zīmulis** (v)	[zi:mulis]
gom (de)	**dzēšgumija** (s)	[dze:ʃgumija]
krijt (het)	**krīts** (v)	[kri:ts]
pennendoos (de)	**penālis** (v)	[pɛna:lis]
boekentas (de)	**portfelis** (v)	[pɔrtfelis]
pen (de)	**pildspalva** (s)	[pildspalva]
schrift (de)	**burtnīca** (s)	[burtni:tsa]
leerboek (het)	**mācību grāmata** (s)	[ma:tsi:bu gra:mata]
passer (de)	**cirkulis** (v)	[tsirkulis]
technisch tekenen (ww)	**rasēt**	[rase:t]
technische tekening (de)	**rasējums** (v)	[rase:jums]
gedicht (het)	**dzejolis** (v)	[dzejɔlis]
van buiten (bw)	**no galvas**	[nɔ galvas]
van buiten leren	**mācīties no galvas**	[ma:tsi:ties nɔ galvas]
vakantie (de)	**brīvlaiks** (v)	[bri:vlaiks]
met vakantie zijn	**būt brīvlaikā**	[bu:t bri:vlaika:]
vakantie doorbrengen	**pavadīt brīvlaiku**	[pavadi:t bri:vlaiku]
toets (schriftelijke ~)	**kontroldarbs** (v)	[kɔntrɔldarbs]
opstel (het)	**sacerējums** (v)	[satsɛre:jums]
dictee (het)	**diktāts** (v)	[dikta:ts]
examen (het)	**eksāmens** (v)	[eksa:mens]
examen afleggen	**likt eksāmenus**	[likt eksa:menus]
experiment (het)	**mēģinājums** (v)	[me:dʲina:jums]

95. Hogeschool. Universiteit

academie (de)	**akadēmija** (s)	[akade:mija]
universiteit (de)	**universitāte** (s)	[univɛrsita:te]
faculteit (de)	**fakultāte** (s)	[fakulta:te]
student (de)	**students** (v)	[students]
studente (de)	**studente** (s)	[studente]
leraar (de)	**pasniedzējs** (v)	[pasniɛdze:js]
collegezaal (de)	**auditorija** (s)	[auditɔrija]
afgestudeerde (de)	**absolvents** (v)	[absɔlvents]
diploma (het)	**diploms** (v)	[diplɔms]
dissertatie (de)	**disertācija** (s)	[diserta:tsija]
onderzoek (het)	**pētījums** (v)	[pe:ti:jums]
laboratorium (het)	**laboratorija** (s)	[labɔratɔrija]
college (het)	**lekcija** (s)	[lektsija]
medestudent (de)	**kursa biedrs** (v)	[kursa biɛdrs]
studiebeurs (de)	**stipendija** (s)	[stipendija]
academische graad (de)	**zinātniskais grāds** (v)	[zina:tniskais gra:ds]

96. Wetenschappen. Disciplines

wiskunde (de)	**matemātika** (s)	[matɛma:tika]
algebra (de)	**algebra** (s)	[algebra]
meetkunde (de)	**ģeometrija** (s)	[dʲeɔmetrija]
astronomie (de)	**astronomija** (s)	[astrɔnɔmija]
biologie (de)	**bioloģija** (s)	[biɔlɔdʲija]
geografie (de)	**ģeogrāfija** (s)	[dʲeɔgra:fija]
geologie (de)	**ģeoloģija** (s)	[dʲeɔlɔdʲija]
geschiedenis (de)	**vēsture** (s)	[ve:sture]
geneeskunde (de)	**medicīna** (s)	[meditsi:na]
pedagogiek (de)	**pedagoģija** (s)	[pɛdagɔdʲija]
rechten (mv.)	**tieslietas** (s dsk)	[tiɛsliɛtas]
fysica, natuurkunde (de)	**fizika** (s)	[fizika]
scheikunde (de)	**ķīmija** (s)	[tʲi:mija]
filosofie (de)	**filozofija** (s)	[filɔzɔfija]
psychologie (de)	**psiholoģija** (s)	[psixɔlɔdʲija]

97. Schrift. Spelling

grammatica (de)	**gramatika** (s)	[gramatika]
vocabulaire (het)	**leksika** (s)	[leksika]
fonetiek (de)	**fonētika** (s)	[fɔne:tika]
zelfstandig naamwoord (het)	**lietvārds** (v)	[liɛtva:rds]
bijvoeglijk naamwoord (het)	**īpašības vārds** (v)	[i:paʃi:bas va:rds]
werkwoord (het)	**darbības vārds** (v)	[darbi:bas va:rds]
bijwoord (het)	**apstākļa vārds** (v)	[apsta:klʲa va:rds]
voornaamwoord (het)	**vietniekvārds** (v)	[viɛtniɛkva:rds]
tussenwerpsel (het)	**izsauksmes vārds** (v)	[izsauksmes va:rds]
voorzetsel (het)	**prievārds** (v)	[priɛva:rds]
stam (de)	**vārda sakne** (s)	[va:rda sakne]
achtervoegsel (het)	**galotne** (s)	[galɔtne]
voorvoegsel (het)	**priedēklis** (v)	[priɛde:klis]
lettergreep (de)	**zilbe** (s)	[zilbe]
achtervoegsel (het)	**sufikss** (v)	[sufiks]
nadruk (de)	**uzsvars** (v)	[uzsvars]
afkappingsteken (het)	**apostrofs** (v)	[apɔstrɔfs]
punt (de)	**punkts** (v)	[punkts]
komma (de/het)	**komats** (v)	[kɔmats]
puntkomma (de)	**semikols** (v)	[semikɔls]
dubbelpunt (de)	**kols** (v)	[kɔls]
beletselteken (het)	**daudzpunkte** (s)	[daudzpunkte]
vraagteken (het)	**jautājuma zīme** (s)	[jauta:juma zi:me]
uitroepteken (het)	**izsaukuma zīme** (s)	[izsaukuma zi:me]

aanhalingstekens (mv.)	**pēdiņas** (s dsk)	[pe:diɲas]
tussen aanhalingstekens (bw)	**pēdiņās**	[pe:diɲa:s]
haakjes (mv.)	**iekavas** (s dsk)	[iɛkavas]
tussen haakjes (bw)	**iekavās**	[iɛkava:s]
streepje (het)	**defise** (s)	[defise]
gedachtestreepje (het)	**domuzīme** (s)	[dɔmuzi:me]
spatie (~ tussen twee woorden)	**atstarpe** (s)	[atstarpe]
letter (de)	**burts** (v)	[burts]
hoofdletter (de)	**lielais burts** (v)	[liɛlais burts]
klinker (de)	**patskanis** (v)	[patskanis]
medeklinker (de)	**līdzskanis** (v)	[li:dzskanis]
zin (de)	**teikums** (v)	[tɛikums]
onderwerp (het)	**teikuma priekšmets** (v)	[tɛikuma priɛkʃmets]
gezegde (het)	**izteicējs** (v)	[iztɛitse:js]
regel (in een tekst)	**rinda** (s)	[rinda]
op een nieuwe regel (bw)	**ar jaunu rindu**	[ar jaunu rindu]
alinea (de)	**rindkopa** (s)	[rindkɔpa]
woord (het)	**vārds** (v)	[va:rds]
woordgroep (de)	**vārdkopa** (s)	[va:rdkɔpa]
uitdrukking (de)	**izteiciens** (v)	[iztɛitsiɛns]
synoniem (het)	**sinonīms** (v)	[sinɔni:ms]
antoniem (het)	**antonīms** (v)	[antɔni:ms]
regel (de)	**likums** (v)	[likums]
uitzondering (de)	**izņēmums** (v)	[izɲɛ:mums]
correct (bijv. ~e spelling)	**pareizs**	[parɛizs]
vervoeging, conjugatie (de)	**konjugācija** (s)	[kɔnjuga:tsija]
verbuiging, declinatie (de)	**deklinācija** (s)	[deklina:tsija]
naamval (de)	**locījums** (v)	[lɔtsi:jums]
vraag (de)	**jautājums** (v)	[jauta:jums]
onderstrepen (ww)	**pasvītrot**	[pasvi:trɔt]
stippellijn (de)	**punktēta līnija** (s)	[punktɛ:ta li:nija]

98. Vreemde talen

taal (de)	**valoda** (s)	[valɔda]
vreemd (bn)	**svešs**	[sveʃs]
vreemde taal (de)	**svešvaloda** (s)	[sveʃvalɔda]
leren (bijv. van buiten ~)	**pētīt**	[pe:ti:t]
studeren (Nederlands ~)	**mācīties**	[ma:tsi:tiɛs]
lezen (ww)	**lasīt**	[lasi:t]
spreken (ww)	**runāt**	[runa:t]
begrijpen (ww)	**saprast**	[saprast]
schrijven (ww)	**rakstīt**	[raksti:t]
snel (bw)	**ātri**	[a:tri]

langzaam (bw)	**lēni**	[le:ni]
vloeiend (bw)	**brīvi**	[bri:vi]
regels (mv.)	**noteikumi** (v dsk)	[nɔtɛikumi]
grammatica (de)	**gramatika** (s)	[gramatika]
vocabulaire (het)	**leksika** (s)	[leksika]
fonetiek (de)	**fonētika** (s)	[fɔne:tika]
leerboek (het)	**mācību grāmata** (s)	[ma:tsi:bu gra:mata]
woordenboek (het)	**vārdnīca** (s)	[va:rdni:tsa]
leerboek (het) voor zelfstudie	**pašmācības grāmata** (s)	[paʃma:tsi:bas gra:mata]
taalgids (de)	**sarunvārdnīca** (s)	[sarunva:rdni:tsa]
cassette (de)	**kasete** (s)	[kasɛte]
videocassette (de)	**videokasete** (s)	[videɔkasɛte]
CD (de)	**kompaktdisks** (v)	[kɔmpaktdisks]
DVD (de)	**DVD** (v)	[dvd]
alfabet (het)	**alfabēts** (v)	[alfabe:ts]
spellen (ww)	**izrunāt pa burtiem**	[izruna:t pa burtiɛm]
uitspraak (de)	**izruna** (s)	[izruna]
accent (het)	**akcents** (v)	[aktsents]
met een accent (bw)	**ar akcentu**	[ar aktsentu]
zonder accent (bw)	**bez akcenta**	[bez aktsenta]
woord (het)	**vārds** (v)	[va:rds]
betekenis (de)	**nozīme** (s)	[nɔzi:me]
cursus (de)	**kursi** (v dsk)	[kursi]
zich inschrijven (ww)	**pierakstīties**	[piɛraksti:tiɛs]
leraar (de)	**pasniedzējs** (v)	[pasniɛdze:js]
vertaling (een ~ maken)	**tulkošana** (s)	[tulkɔʃana]
vertaling (tekst)	**tulkojums** (v)	[tulkɔjums]
vertaler (de)	**tulks** (v)	[tulks]
tolk (de)	**tulks** (v)	[tulks]
polyglot (de)	**poliglots** (v)	[pɔliglɔts]
geheugen (het)	**atmiņa** (s)	[atmiɲa]

Rusten. Entertainment. Reizen

99. Trip. Reizen

toerisme (het)	**tūrisms** (v)	[tu:risms]
toerist (de)	**tūrists** (v)	[tu:rists]
reis (de)	**ceļojums** (v)	[tselʲɔjums]
avontuur (het)	**piedzīvojums** (v)	[piɛdzi:vɔjums]
tocht (de)	**brauciens** (v)	[brautsiɛns]
vakantie (de)	**atvaļinājums** (v)	[atvalʲina:jums]
met vakantie zijn	**būt atvaļinājumā**	[bu:t atvalʲina:juma:]
rust (de)	**atpūta** (s)	[atpu:ta]
trein (de)	**vilciens** (v)	[viltsiɛns]
met de trein	**ar vilcienu**	[ar viltsiɛnu]
vliegtuig (het)	**lidmašīna** (s)	[lidmaʃi:na]
met het vliegtuig	**ar lidmašīnu**	[ar lidmaʃi:nu]
met de auto	**ar automobili**	[ar autɔmɔbili]
per schip (bw)	**ar kuģi**	[ar kudʲi]
bagage (de)	**bagāža** (s)	[baga:ʒa]
valies (de)	**čemodāns** (v)	[tʃemɔda:ns]
bagagekarretje (het)	**bagāžas ratiņi** (v dsk)	[baga:ʒas ratiɲi]
paspoort (het)	**pase** (s)	[pase]
visum (het)	**vīza** (s)	[vi:za]
kaartje (het)	**biļete** (s)	[bilʲɛte]
vliegticket (het)	**aviobiļete** (s)	[aviɔbilʲɛte]
reisgids (de)	**ceļvedis** (v)	[tselʲvedis]
kaart (de)	**karte** (s)	[karte]
gebied (landelijk ~)	**apvidus** (v)	[apvidus]
plaats (de)	**vieta** (s)	[viɛta]
exotische bestemming (de)	**eksotika** (s)	[eksɔtika]
exotisch (bn)	**eksotisks**	[eksɔtisks]
verwonderlijk (bn)	**apbrīnojams**	[apbri:nɔjams]
groep (de)	**grupa** (s)	[grupa]
rondleiding (de)	**ekskursija** (s)	[ekskursija]
gids (de)	**gids** (v)	[gids]

100. Hotel

motel (het)	**motelis** (v)	[mɔtelis]
3-sterren	**trīszvaigžņu**	[tri:szvaigʒɲu]
5-sterren	**pieczvaigžņu**	[piɛtszvaigʒɲu]

overnachten (ww)	**apmesties**	[apmestiɛs]
kamer (de)	**numurs** (v)	[numurs]
eenpersoonskamer (de)	**vienvietīgs numurs** (v)	[viɛnviɛti:gs numurs]
tweepersoonskamer (de)	**divvietīgs numurs** (v)	[divviɛti:gs numurs]
een kamer reserveren	**rezervēt numuru**	[rɛzerve:t numuru]
halfpension (het)	**pus pansija** (s)	[pus pansija]
volpension (het)	**pilna pansija** (s)	[pilna pansija]
met badkamer	**ar vannu**	[ar vannu]
met douche	**ar dušu**	[ar duʃu]
satelliet-tv (de)	**satelīta televīzija** (s)	[sateli:ta tɛlevi:zija]
airconditioner (de)	**kondicionētājs** (v)	[kɔnditsiɔnɛ:ta:js]
handdoek (de)	**dvielis** (v)	[dviɛlis]
sleutel (de)	**atslēga** (s)	[atslɛ:ga]
administrateur (de)	**administrators** (v)	[administratɔrs]
kamermeisje (het)	**istabene** (s)	[istabɛne]
piccolo (de)	**nesējs** (v)	[nɛse:js]
portier (de)	**portjē** (v)	[pɔrtje:]
restaurant (het)	**restorāns** (v)	[restɔra:ns]
bar (de)	**bārs** (v)	[ba:rs]
ontbijt (het)	**brokastis** (s dsk)	[brɔkastis]
avondeten (het)	**vakariņas** (s dsk)	[vakariɲas]
buffet (het)	**zviedru galds** (v)	[zviɛdru galds]
hal (de)	**vestibils** (v)	[vestibils]
lift (de)	**lifts** (v)	[lifts]
NIET STOREN	**NETRAUCĒT**	[netrautse:t]
VERBODEN TE ROKEN!	**SMĒĶĒT AIZLIEGTS!**	[smɛ:tʲe:t aizliɛgts!]

TECHNISCHE APPARATUUR. VERVOER

Technische apparatuur

101. Computer

computer (de)	**dators** (v)	[datɔrs]
laptop (de)	**portatīvais dators** (v)	[pɔrtati:vais datɔrs]
aanzetten (ww)	**ieslēgt**	[iɛsle:gt]
uitzetten (ww)	**izslēgt**	[izsle:gt]
toetsenbord (het)	**tastatūra** (s)	[tastatu:ra]
toets (enter~)	**taustiņš** (v)	[taustiɲʃ]
muis (de)	**pele** (s)	[pɛle]
muismat (de)	**paliktnis** (v)	[paliktnis]
knopje (het)	**poga** (s)	[pɔga]
cursor (de)	**kursors** (v)	[kursɔrs]
monitor (de)	**monitors** (v)	[mɔnitɔrs]
scherm (het)	**ekrāns** (v)	[ekra:ns]
harde schijf (de)	**cietais disks** (v)	[tsiɛtais disks]
volume (het) van de harde schijf	**cieta diska apjoms** (v)	[tsiɛta diska apjɔms]
geheugen (het)	**atmiņa** (s)	[atmiɲa]
RAM-geheugen (het)	**operatīvā atmiņa** (s)	[ɔpɛrati:va: atmiɲa]
bestand (het)	**datne** (s)	[datne]
folder (de)	**mape** (s)	[mape]
openen (ww)	**atvērt**	[atve:rt]
sluiten (ww)	**aizvērt**	[aizve:rt]
opslaan (ww)	**saglabāt**	[saglaba:t]
verwijderen (wissen)	**izdzēst**	[izdze:st]
kopiëren (ww)	**nokopēt**	[nɔkɔpe:t]
sorteren (ww)	**šķirot**	[ʃtʲirɔt]
overplaatsen (ww)	**pārrakstīt**	[pa:rraksti:t]
programma (het)	**programma** (s)	[prɔgramma]
software (de)	**programmatūra** (s)	[prɔgrammatu:ra]
programmeur (de)	**programmētājs** (v)	[prɔgrammɛ:ta:js]
programmeren (ww)	**programmēt**	[prɔgramme:t]
hacker (computerkraker)	**hakeris** (v)	[xakeris]
wachtwoord (het)	**parole** (s)	[parɔle]
virus (het)	**vīruss** (v)	[vi:rus]
ontdekken (virus ~)	**atrast, uziet**	[atrast], [uziɛt]

byte (de)	**baits** (v)	[baits]
megabyte (de)	**megabaits** (v)	[mɛgabaits]
data (de)	**dati** (v dsk)	[dati]
databank (de)	**datu bāze** (s)	[datu ba:ze]
kabel (USB-~, enz.)	**kabelis** (v)	[kabelis]
afsluiten (ww)	**atvienot**	[atviɛnɔt]
aansluiten op (ww)	**pievienot**	[piɛviɛnɔt]

102. Internet. E-mail

internet (het)	**internets** (v)	[internets]
browser (de)	**pārlūka programma** (s)	[pa:rlu:ka prɔgramma]
zoekmachine (de)	**meklēšanas resurss** (v)	[mekle:ʃanas rɛsurs]
internetprovider (de)	**provaiders** (v)	[prɔvaidɛrs]
webmaster (de)	**tīmekļa meistars** (v)	[ti:mekl'a mɛistars]
website (de)	**saits** (v)	[saits]
webpagina (de)	**tīmekļa lappuse** (s)	[ti:mekl'a lappuse]
adres (het)	**adrese** (s)	[adrɛse]
adresboek (het)	**adrešu grāmata** (s)	[adreʃu gra:mata]
postvak (het)	**pastkastīte** (s)	[pastkasti:te]
post (de)	**pasts** (v)	[pasts]
vol (~ postvak)	**pārpildīts**	[pa:rpildi:ts]
bericht (het)	**ziņojums** (v)	[ziɲɔjums]
binnenkomende berichten (mv.)	**ienākošie ziņojumi** (v dsk)	[iɛna:kɔʃiɛ ziɲɔjumi]
uitgaande berichten (mv.)	**aizsūtītie ziņojumi** (v dsk)	[aizsu:ti:tiɛ ziɲɔjumi]
verzender (de)	**sūtītājs** (v)	[su:ti:ta:js]
verzenden (ww)	**nosūtīt**	[nɔsu:ti:t]
verzending (de)	**aizsūtīšana** (s)	[aizsu:ti:ʃana]
ontvanger (de)	**saņēmējs** (v)	[saɲɛ:me:js]
ontvangen (ww)	**saņemt**	[saɲemt]
correspondentie (de)	**sarakste** (s)	[sarakste]
corresponderen (met ...)	**sarakstīties**	[saraksti:tiɛs]
bestand (het)	**datne** (s)	[datne]
downloaden (ww)	**novilkt**	[nɔvilkt]
creëren (ww)	**izveidot**	[izvɛidɔt]
verwijderen (een bestand ~)	**izdzēst**	[izdze:st]
verwijderd (bn)	**izdzēstais**	[izdze:stais]
verbinding (de)	**sakars** (v)	[sakars]
snelheid (de)	**ātrums** (v)	[a:trums]
modem (de)	**modems** (v)	[mɔdems]
toegang (de)	**pieeja** (s)	[piɛeja]
poort (de)	**pieslēgvieta** (s)	[piɛsle:gviɛta]

aansluiting (de)	**pieslēgšana** (s)	[piɛsle:gʃana]
zich aansluiten (ww)	**pieslēgties**	[piɛsle:gtiɛs]
selecteren (ww)	**izvēlēties**	[izvɛ:le:tiɛs]
zoeken (ww)	**meklēt ...**	[mekle:t ...]

103. Elektriciteit

elektriciteit (de)	**elektrība** (s)	[ɛlektri:ba]
elektrisch (bn)	**elektrisks**	[ɛlektrisks]
elektriciteitscentrale (de)	**elektrostacija** (s)	[ɛlektrɔstatsija]
energie (de)	**enerģija** (s)	[ɛnerdʲija]
elektrisch vermogen (het)	**elektroenerģija** (s)	[ɛlektrɔɛnerdʲija]
lamp (de)	**spuldze** (s)	[spuldze]
zaklamp (de)	**lukturītis** (v)	[lukturi:tis]
straatlantaarn (de)	**laterna** (s)	[laterna]
licht (elektriciteit)	**gaisma** (s)	[gaisma]
aandoen (ww)	**ieslēgt**	[iɛsle:gt]
uitdoen (ww)	**izslēgt**	[izsle:gt]
het licht uitdoen	**izslēgt gaismu**	[izsle:gt gaismu]
doorbranden (gloeilamp)	**izdegt**	[izdegt]
kortsluiting (de)	**īssavienojums** (v)	[i:saviɛnɔjums]
onderbreking (de)	**pārtrūkums** (v)	[pa:rtru:kums]
contact (het)	**kontakts** (v)	[kɔntakts]
schakelaar (de)	**slēdzis** (v)	[sle:dzis]
stopcontact (het)	**rozete** (s)	[rɔzɛte]
stekker (de)	**dakša** (s)	[dakʃa]
verlengsnoer (de)	**pagarinātājs** (v)	[pagarina:ta:js]
zekering (de)	**drošinātājs** (v)	[drɔʃina:ta:js]
kabel (de)	**vads** (v)	[vads]
bedrading (de)	**instalācija** (s)	[instala:tsija]
ampère (de)	**ampērs** (v)	[ampɛ:rs]
stroomsterkte (de)	**strāvas stiprums** (v)	[stra:vas stiprums]
volt (de)	**volts** (v)	[vɔlts]
spanning (de)	**spriegums** (v)	[spriɛgums]
elektrisch toestel (het)	**elektriskais aparāts** (v)	[ɛlektriskais apara:ts]
indicator (de)	**indikators** (v)	[indikatɔrs]
elektricien (de)	**elektriķis** (v)	[ɛlektritʲis]
solderen (ww)	**lodēt**	[lɔde:t]
soldeerbout (de)	**lodāmurs** (v)	[lɔda:murs]
stroom (de)	**strāva** (s)	[stra:va]

104. Gereedschappen

werktuig (stuk gereedschap)	**instruments** (v)	[instruments]
gereedschap (het)	**instrumenti** (v dsk)	[instrumenti]

uitrusting (de)	**ierīce** (s)	[iɛri:tse]
hamer (de)	**āmurs** (v)	[a:murs]
schroevendraaier (de)	**skrūvgriezis** (v)	[skru:vgriɛzis]
bijl (de)	**cirvis** (v)	[tsirvis]
zaag (de)	**zāģis** (v)	[za:dʲis]
zagen (ww)	**zāģēt**	[za:dʲe:t]
schaaf (de)	**ēvele** (s)	[ɛ:vɛle]
schaven (ww)	**ēvelēt**	[ɛ:vɛle:t]
soldeerbout (de)	**lodāmurs** (v)	[lɔda:murs]
solderen (ww)	**lodēt**	[lɔde:t]
vijl (de)	**vīle** (s)	[vi:le]
nijptang (de)	**knaibles** (s dsk)	[knaibles]
combinatietang (de)	**platknaibles** (s dsk)	[platknaibles]
beitel (de)	**kalts** (v)	[kalts]
boorkop (de)	**urbis** (v)	[urbis]
boormachine (de)	**elektriskais urbis** (v)	[ɛlektriskais urbis]
boren (ww)	**urbt**	[urbt]
mes (het)	**nazis** (v)	[nazis]
lemmet (het)	**asmens** (v)	[asmens]
scherp (bijv. ~ mes)	**ass**	[as]
bot (bn)	**truls**	[truls]
bot raken (ww)	**notrulināties**	[nɔtrulina:tiɛs]
slijpen (een mes ~)	**asināt**	[asina:t]
bout (de)	**skrūve** (s)	[skru:ve]
moer (de)	**uzgrieznis** (v)	[uzgriɛznis]
schroefdraad (de)	**vītne** (s)	[vi:tne]
houtschroef (de)	**kokskrūve** (s)	[kɔkskru:ve]
nagel (de)	**nagla** (s)	[nagla]
kop (de)	**galviņa** (s)	[galviɲa]
liniaal (de/het)	**lineāls** (v)	[linea:ls]
rolmeter (de)	**mērlente** (s)	[me:rlente]
waterpas (de/het)	**līmeņrādis** (v)	[li:meɲra:dis]
loep (de)	**lupa** (s)	[lupa]
meetinstrument (het)	**mērierīce** (s)	[me:riɛri:tse]
opmeten (ww)	**mērīt**	[me:ri:t]
schaal (meetschaal)	**skala** (s)	[skala]
gegevens (mv.)	**rādījums** (v)	[ra:di:jums]
compressor (de)	**kompresors** (v)	[kɔmpresɔrs]
microscoop (de)	**mikroskops** (v)	[mikrɔskɔps]
pomp (de)	**sūknis** (v)	[su:knis]
robot (de)	**robots** (v)	[rɔbɔts]
laser (de)	**lāzers** (v)	[la:zɛrs]
moersleutel (de)	**uzgriežņu atslēga** (s)	[uzgriɛʒɲu atslɛ:ga]
plakband (de)	**līmlenta** (s)	[li:mlenta]

lijm (de)	**līme** (s)	[li:me]
schuurpapier (het)	**smilšpapīrs** (v)	[smilʃpapi:rs]
veer (de)	**atspere** (s)	[atspɛre]
magneet (de)	**magnēts** (v)	[magne:ts]
handschoenen (mv.)	**cimdi** (v dsk)	[tsimdi]
touw (bijv. henneptouw)	**virve** (s)	[virve]
snoer (het)	**aukla** (s)	[aukla]
draad (de)	**vads** (v)	[vads]
kabel (de)	**kabelis** (v)	[kabelis]
moker (de)	**uzsitējveseris** (v)	[uzsite:jvɛseris]
breekijzer (het)	**lauznis** (v)	[lauznis]
ladder (de)	**kāpnes** (s dsk)	[ka:pnes]
trapje (inklapbaar ~)	**sastatņu kāpnes** (s dsk)	[sastatɲu ka:pnes]
aanschroeven (ww)	**aizgriezt**	[aizgriɛzt]
losschroeven (ww)	**atgriezt**	[atgriɛzt]
dichtpersen (ww)	**aizspiest**	[aizspiɛst]
vastlijmen (ww)	**pielīmēt**	[piɛli:me:t]
snijden (ww)	**griezt**	[griɛzt]
defect (het)	**bojājums** (v)	[bɔja:jums]
reparatie (de)	**labošana** (s)	[labɔʃana]
repareren (ww)	**remontēt**	[remɔnte:t]
regelen (een machine ~)	**regulēt**	[rɛgule:t]
nakijken (ww)	**pārbaudīt**	[pa:rbaudi:t]
controle (de)	**pārbaudīšana** (s)	[pa:rbaudi:ʃana]
gegevens (mv.)	**rādījums** (v)	[ra:di:jums]
degelijk (bijv. ~ machine)	**drošs**	[drɔʃs]
ingewikkeld (bn)	**sarežģīts**	[sareʒdʲi:ts]
roesten (ww)	**rūsēt**	[ru:se:t]
roestig (bn)	**sarūsējis**	[saru:se:jis]
roest (de/het)	**rūsa** (s)	[ru:sa]

Vervoer

105. Vliegtuig

vliegtuig (het)	**lidmašīna** (s)	[lidmaʃi:na]
vliegticket (het)	**aviobiļete** (s)	[aviɔbilʲɛte]
luchtvaartmaatschappij (de)	**aviokompānija** (s)	[aviɔkɔmpa:nija]
luchthaven (de)	**lidosta** (s)	[lidɔsta]
supersonisch (bn)	**virsskaņas**	[virskaɲas]
gezagvoerder (de)	**kuģa komandieris** (v)	[kudʲa kɔmandiɛris]
bemanning (de)	**apkalpe** (s)	[apkalpe]
piloot (de)	**pilots** (v)	[pilɔts]
stewardess (de)	**stjuarte** (s)	[stjuarte]
stuurman (de)	**stūrmanis** (v)	[stu:rmanis]
vleugels (mv.)	**spārni** (v dsk)	[spa:rni]
staart (de)	**aste** (s)	[aste]
cabine (de)	**kabīne** (s)	[kabi:ne]
motor (de)	**dzinējs** (v)	[dzine:js]
landingsgestel (het)	**šasija** (s)	[ʃasija]
turbine (de)	**turbīna** (s)	[turbi:na]
propeller (de)	**propelleris** (v)	[prɔpelleris]
zwarte doos (de)	**melnā kaste** (s)	[melna: kaste]
stuur (het)	**stūres rats** (v)	[stu:res rats]
brandstof (de)	**degviela** (s)	[degviɛla]
veiligheidskaart (de)	**instrukcija** (s)	[instruktsija]
zuurstofmasker (het)	**skābekļa maska** (s)	[ska:beklʲa maska]
uniform (het)	**uniforma** (s)	[unifɔrma]
reddingsvest (de)	**glābšanas veste** (s)	[gla:bʃanas veste]
parachute (de)	**izpletnis** (v)	[izpletnis]
opstijgen (het)	**pacelšanās** (s dsk)	[patselʃana:s]
opstijgen (ww)	**pacelties**	[patseltiɛs]
startbaan (de)	**skrejceļš** (v)	[skrejtselʲʃ]
zicht (het)	**redzamība** (s)	[redzami:ba]
vlucht (de)	**lidojums** (v)	[lidɔjums]
hoogte (de)	**augstums** (v)	[augstums]
luchtzak (de)	**gaisa bedre** (s)	[gaisa bedre]
plaats (de)	**sēdeklis** (v)	[sɛ:deklis]
koptelefoon (de)	**austiņas** (s dsk)	[austiɲas]
tafeltje (het)	**galdiņš** (v)	[galdiɲʃ]
venster (het)	**iluminators** (v)	[iluminatɔrs]
gangpad (het)	**eja** (s)	[eja]

106. Trein

trein (de)	**vilciens** (v)	[viltsiɛns]
elektrische trein (de)	**elektrovilciens** (v)	[ɛlektrɔviltsiɛns]
sneltrein (de)	**ātrvilciens** (v)	[a:trviltsiɛns]
diesellocomotief (de)	**dīzeļlokomotīve** (s)	[di:zelʲlɔkɔmɔti:ve]
locomotief (de)	**lokomotīve** (s)	[lɔkɔmɔti:ve]
rijtuig (het)	**vagons** (v)	[vagɔns]
restauratierijtuig (het)	**restorānvagons** (v)	[restɔra:nvagɔns]
rails (mv.)	**sliedes** (s dsk)	[sliɛdes]
spoorweg (de)	**dzelzceļš** (v)	[dzelztselʲʃ]
dwarsligger (de)	**gulsnis** (v)	[gulsnis]
perron (het)	**platforma** (s)	[platfɔrma]
spoor (het)	**ceļš** (v)	[tselʲʃ]
semafoor (de)	**semafors** (v)	[sɛmafɔrs]
halte (bijv. kleine treinhalte)	**stacija** (s)	[statsija]
machinist (de)	**mašīnists** (v)	[maʃi:nists]
kruier (de)	**nesējs** (v)	[nɛse:js]
conducteur (de)	**pavadonis** (v)	[pavadɔnis]
passagier (de)	**pasažieris** (v)	[pasaʒiɛris]
controleur (de)	**kontrolieris** (v)	[kɔntrɔliɛris]
gang (in een trein)	**koridors** (v)	[kɔridɔrs]
noodrem (de)	**stop-krāns** (v)	[stɔp-kra:ns]
coupé (de)	**kupeja** (s)	[kupeja]
bed (slaapplaats)	**plaukts** (v)	[plaukts]
bovenste bed (het)	**augšējais plaukts** (v)	[augʃe:jais plaukts]
onderste bed (het)	**apakšējais plaukts** (v)	[apakʃe:jais plaukts]
beddengoed (het)	**gultas veļa** (s)	[gultas vɛlʲa]
kaartje (het)	**biļete** (s)	[bilʲɛte]
dienstregeling (de)	**saraksts** (v)	[saraksts]
informatiebord (het)	**tablo** (v)	[tablɔ]
vertrekken (De trein vertrekt ...)	**atiet**	[atiɛt]
vertrek (ov. een trein)	**atiešana** (s)	[atiɛʃana]
aankomen (ov. de treinen)	**ierasties**	[iɛrastiɛs]
aankomst (de)	**pienākšana** (s)	[piɛna:kʃana]
aankomen per trein	**atbraukt ar vilcienu**	[atbraukt ar viltsiɛnu]
in de trein stappen	**iekāpt vilcienā**	[iɛka:pt viltsiɛna:]
uit de trein stappen	**izkāpt no vilciena**	[izka:pt nɔ viltsiɛna]
treinwrak (het)	**katastrofa** (s)	[katastrɔfa]
ontspoord zijn	**noskriet no sliedēm**	[nɔskriɛt nɔ sliɛde:m]
locomotief (de)	**lokomotīve** (s)	[lɔkɔmɔti:ve]
stoker (de)	**kurinātājs** (v)	[kurina:ta:js]
stookplaats (de)	**kurtuve** (s)	[kurtuve]
steenkool (de)	**ogles** (s dsk)	[ɔgles]

107. Schip

schip (het)	**kuģis** (v)	[kudʲis]
vaartuig (het)	**kuģis** (v)	[kudʲis]
stoomboot (de)	**tvaikonis** (v)	[tvaikɔnis]
motorschip (het)	**motorkuģis** (v)	[mɔtɔrkudʲis]
lijnschip (het)	**laineris** (v)	[laineris]
kruiser (de)	**kreiseris** (v)	[krɛiseris]
jacht (het)	**jahta** (s)	[jaxta]
sleepboot (de)	**velkonis** (v)	[velkɔnis]
duwbak (de)	**barža** (s)	[barʒa]
ferryboot (de)	**prāmis** (v)	[pra:mis]
zeilboot (de)	**burinieks** (v)	[buriniɛks]
brigantijn (de)	**brigantīna** (s)	[briganti:na]
IJsbreker (de)	**ledlauzis** (v)	[ledlauzis]
duikboot (de)	**zemūdene** (s)	[zɛmu:dɛne]
boot (de)	**laiva** (s)	[laiva]
sloep (de)	**laiva** (s)	[laiva]
reddingssloep (de)	**glābšanas laiva** (s)	[gla:bʃanas laiva]
motorboot (de)	**kuteris** (v)	[kuteris]
kapitein (de)	**kapteinis** (v)	[kaptɛinis]
zeeman (de)	**matrozis** (v)	[matrɔzis]
matroos (de)	**jūrnieks** (v)	[ju:rniɛks]
bemanning (de)	**apkalpe** (s)	[apkalpe]
bootsman (de)	**bocmanis** (v)	[bɔtsmanis]
scheepsjongen (de)	**junga** (v)	[juŋga]
kok (de)	**kuģa pavārs** (v)	[kudʲa pava:rs]
scheepsarts (de)	**kuģa ārsts** (v)	[kudʲa a:rsts]
dek (het)	**klājs** (v)	[kla:js]
mast (de)	**masts** (v)	[masts]
zeil (het)	**bura** (s)	[bura]
ruim (het)	**tilpne** (s)	[tilpne]
voorsteven (de)	**priekšgals** (v)	[priɛkʃgals]
achtersteven (de)	**pakaļgals** (v)	[pakalʲgals]
roeispaan (de)	**airis** (v)	[airis]
schroef (de)	**dzenskrūve** (s)	[dzenskru:ve]
kajuit (de)	**kajīte** (s)	[kaji:te]
officierskamer (de)	**kopkajīte** (s)	[kɔpkaji:te]
machinekamer (de)	**mašīnu nodaļa** (s)	[maʃi:nu nɔdalʲa]
brug (de)	**komandtiltiņš** (v)	[kɔmandtiltiɲʃ]
radiokamer (de)	**radio telpa** (s)	[radiɔ telpa]
radiogolf (de)	**vilnis** (v)	[vilnis]
logboek (het)	**kuģa žurnāls** (v)	[kudʲa ʒurna:ls]
verrekijker (de)	**tālskatis** (v)	[ta:lskatis]
klok (de)	**zvans** (v)	[zvans]

vlag (de)	**karogs** (v)	[karɔgs]
kabel (de)	**tauva** (s)	[tauva]
knoop (de)	**mezgls** (v)	[mezgls]
trapleuning (de)	**rokturis** (v)	[rɔkturis]
trap (de)	**traps** (v)	[traps]
anker (het)	**enkurs** (v)	[enkurs]
het anker lichten	**pacelt enkuru**	[patselt enkuru]
het anker neerlaten	**izmest enkuru**	[izmest enkuru]
ankerketting (de)	**enkurķēde** (s)	[enkurtʲɛ:de]
haven (bijv. containerhaven)	**osta** (s)	[ɔsta]
kaai (de)	**piestātne** (s)	[piɛsta:tne]
aanleggen (ww)	**pietauvot**	[piɛtauvɔt]
wegvaren (ww)	**atiet no krasta**	[atiɛt nɔ krasta]
reis (de)	**ceļojums** (v)	[tselʲɔjums]
cruise (de)	**kruīzs** (v)	[krui:zs]
koers (de)	**kurss** (v)	[kurs]
route (de)	**maršruts** (v)	[marʃruts]
vaarwater (het)	**kuģu ceļš** (v)	[kudʲu tselʲʃ]
zandbank (de)	**sēklis** (v)	[se:klis]
stranden (ww)	**uzsēsties uz sēkļa**	[uzse:sties uz se:klʲa]
storm (de)	**vētra** (s)	[ve:tra]
signaal (het)	**signāls** (v)	[signa:ls]
zinken (ov. een boot)	**grimt**	[grimt]
Man overboord!	**Cilvēks aiz borta!**	[tsilve:ks aiz bɔrta!]
SOS (noodsignaal)	**SOS**	[sɔs]
reddingsboei (de)	**glābšanas riņķis** (v)	[gla:bʃanas riɲtʲis]

108. Vliegveld

luchthaven (de)	**lidosta** (s)	[lidɔsta]
vliegtuig (het)	**lidmašīna** (s)	[lidmaʃi:na]
luchtvaartmaatschappij (de)	**aviokompānija** (s)	[aviɔkɔmpa:nija]
luchtverkeersleider (de)	**dispečers** (v)	[dispetʃɛrs]
vertrek (het)	**izlidojums** (v)	[izlidɔjums]
aankomst (de)	**atlidošana** (s)	[atlidɔʃana]
aankomen (per vliegtuig)	**atlidot**	[atlidɔt]
vertrektijd (de)	**izlidojuma laiks** (v)	[izlidɔjuma laiks]
aankomstuur (het)	**atlidošanās laiks** (v)	[atlidɔʃana:s laiks]
vertraagd zijn (ww)	**kavēties**	[kave:tiɛs]
vluchtvertraging (de)	**izlidojuma aizkavēšanās** (s dsk)	[izlidɔjuma aizkave:ʃana:s]
informatiebord (het)	**informācijas tablo** (v)	[infɔrma:tsijas tablɔ]
informatie (de)	**informācija** (s)	[infɔrma:tsija]
aankondigen (ww)	**paziņot**	[paziɲɔt]

vlucht (bijv. KLM ~)	**reiss** (v)	[rɛis]
douane (de)	**muita** (s)	[muita]
douanier (de)	**muitas ierēdnis** (v)	[muitas iɛre:dnis]
douaneaangifte (de)	**muitas deklerācija** (s)	[muitas deklɛra:tsija]
invullen (douaneaangifte ~)	**aizpildīt**	[aizpildi:t]
een douaneaangifte invullen	**aizpildīt deklarāciju**	[aizpildi:t deklara:tsiju]
paspoortcontrole (de)	**pasu kontrole** (s)	[pasu kɔntrɔle]
bagage (de)	**bagāža** (s)	[baga:ʒa]
handbagage (de)	**rokas bagāža** (s)	[rɔkas baga:ʒa]
bagagekarretje (het)	**bagāžas ratiņi** (v dsk)	[baga:ʒas ratiɲi]
landing (de)	**nolaišanās** (s dsk)	[nɔlaiʃana:s]
landingsbaan (de)	**nosēšanās josla** (s)	[nɔse:ʃana:s jɔsla]
landen (ww)	**nosēsties**	[nɔse:stiɛs]
vliegtuigtrap (de)	**traps** (v)	[traps]
inchecken (het)	**reģistrācija** (s)	[redʲistra:tsija]
incheckbalie (de)	**reģistrācijas galdiņš** (v)	[redʲistra:tsijas galdiɲʃ]
inchecken (ww)	**piereģistrēties**	[piɛredʲistre:tiɛs]
instapkaart (de)	**iekāpšanas talons** (v)	[iɛka:pʃanas talɔns]
gate (de)	**izeja** (s)	[izeja]
transit (de)	**tranzīts** (v)	[tranzi:ts]
wachten (ww)	**gaidīt**	[gaidi:t]
wachtzaal (de)	**uzgaidāmā telpa** (s)	[uzgaida:ma: telpa]
begeleiden (uitwuiven)	**aizvadīt**	[aizvadi:t]
afscheid nemen (ww)	**atvadīties**	[atvadi:tiɛs]

Gebeurtenissen in het leven

109. Vakanties. Evenement

feest (het)	**svētki** (v dsk)	[sve:tki]
nationale feestdag (de)	**tautas svētki** (v dsk)	[tautas sve:tki]
feestdag (de)	**svētku diena** (s)	[sve:tku diɛna]
herdenken (ww)	**svinēt**	[svine:t]
gebeurtenis (de)	**notikums** (v)	[nɔtikums]
evenement (het)	**pasākums** (v)	[pasa:kums]
banket (het)	**bankets** (v)	[bankets]
receptie (de)	**pieņemšana** (s)	[piɛɲemʃana]
feestmaal (het)	**mielasts** (v)	[miɛlasts]
verjaardag (de)	**gadadiena** (s)	[gadadiɛna]
jubileum (het)	**jubileja** (s)	[jubileja]
vieren (ww)	**atzīmēt**	[atzi:me:t]
Nieuwjaar (het)	**Jaungads** (v)	[jauŋgads]
Gelukkig Nieuwjaar!	**Laimīgu Jauno gadu!**	[laimi:gu jaunɔ gadu!]
Kerstfeest (het)	**Ziemassvētki** (v dsk)	[ziɛmasve:tki]
Vrolijk kerstfeest!	**Priecīgus Ziemassvētkus!**	[priɛtsi:gus ziɛmasve:tkus!]
kerstboom (de)	**Ziemassvētku eglīte** (s)	[ziɛmasve:tku egli:te]
vuurwerk (het)	**salūts** (v)	[salu:ts]
bruiloft (de)	**kāzas** (s dsk)	[ka:zas]
bruidegom (de)	**līgavainis** (v)	[li:gavainis]
bruid (de)	**līgava** (s)	[li:gava]
uitnodigen (ww)	**ielūgt**	[iɛlu:gt]
uitnodiging (de)	**ielūgums** (v)	[iɛlu:gums]
gast (de)	**viesis** (v)	[viɛsis]
op bezoek gaan	**iet ciemos**	[iɛt tsiɛmɔs]
gasten verwelkomen	**sagaidīt viesus**	[sagaidi:t viɛsus]
geschenk, cadeau (het)	**dāvana** (s)	[da:vana]
geven (iets cadeau ~)	**dāvināt**	[da:vina:t]
geschenken ontvangen	**saņemt dāvanu**	[saɲemt da:vanu]
boeket (het)	**ziedu pušķis** (v)	[ziɛdu puʃtʲis]
felicitaties (mv.)	**apsveikums** (v)	[apsvɛikums]
feliciteren (ww)	**apsveikt**	[apsvɛikt]
wenskaart (de)	**apsveikuma atklātne** (s)	[apsvɛikuma atkla:tne]
een kaartje versturen	**nosūtīt atklātni**	[nɔsu:ti:t atkla:tni]
een kaartje ontvangen	**saņemt atklātni**	[saɲemt atkla:tni]
toast (de)	**tosts** (v)	[tɔsts]

aanbieden (een drankje ~)	**uzcienāt**	[uztsiɛna:t]
champagne (de)	**šampanietis** (v)	[ʃampaniɛtis]
plezier hebben (ww)	**līksmot**	[li:ksmɔt]
plezier (het)	**jautrība** (s)	[jautri:ba]
vreugde (de)	**prieks** (v)	[priɛks]
dans (de)	**deja** (s)	[deja]
dansen (ww)	**dejot**	[dejɔt]
wals (de)	**valsis** (v)	[valsis]
tango (de)	**tango** (v)	[taŋgɔ]

110. Begrafenissen. Begrafenis

kerkhof (het)	**kapsēta** (s)	[kapsɛ:ta]
graf (het)	**kaps** (v)	[kaps]
kruis (het)	**krusts** (v)	[krusts]
grafsteen (de)	**kapakmens** (v)	[kapakmens]
omheining (de)	**žogs** (v)	[ʒɔgs]
kapel (de)	**kapela** (s)	[kapɛla]
dood (de)	**nāve** (s)	[na:ve]
sterven (ww)	**nomirt**	[nɔmirt]
overledene (de)	**nelaiķis** (v)	[nɛlaitʲis]
rouw (de)	**sēras** (s dsk)	[sɛ:ras]
begraven (ww)	**apglabāt**	[apglaba:t]
begrafenisonderneming (de)	**apbedīšanas birojs** (v)	[apbedi:ʃanas birɔjs]
begrafenis (de)	**bēres** (s dsk)	[bɛ:res]
krans (de)	**vainags** (v)	[vainags]
doodskist (de)	**zārks** (v)	[za:rks]
lijkwagen (de)	**katafalks** (v)	[katafalks]
lijkkleed (de)	**līķauts** (v)	[li:tʲauts]
begrafenisstoet (de)	**bēru procesija** (s)	[bɛ:ru prɔtsesija]
urn (de)	**urna** (s)	[urna]
crematorium (het)	**krematorija** (s)	[krɛmatɔrija]
overlijdensbericht (het)	**nekrologs** (v)	[nekrɔlɔgs]
huilen (wenen)	**raudāt**	[rauda:t]
snikken (huilen)	**skaļi raudāt**	[skalʲi rauda:t]

111. Oorlog. Soldaten

peloton (het)	**vads** (v)	[vads]
compagnie (de)	**rota** (s)	[rɔta]
regiment (het)	**pulks** (v)	[pulks]
leger (armee)	**armija** (s)	[armija]
divisie (de)	**divīzija** (s)	[divi:zija]
sectie (de)	**vienība** (s)	[viɛni:ba]

troep (de)	**karaspēks** (v)	[karaspe:ks]
soldaat (militair)	**karavīrs** (v)	[karavi:rs]
officier (de)	**virsnieks** (v)	[virsniɛks]
soldaat (rang)	**ierindnieks** (v)	[iɛrindniɛks]
sergeant (de)	**seržants** (v)	[serʒants]
luitenant (de)	**leitnants** (v)	[lɛitnants]
kapitein (de)	**kapteinis** (v)	[kaptɛinis]
majoor (de)	**majors** (v)	[majɔrs]
kolonel (de)	**pulkvedis** (v)	[pulkvedis]
generaal (de)	**ģenerālis** (v)	[dʲɛnɛra:lis]
matroos (de)	**jūrnieks** (v)	[ju:rniɛks]
kapitein (de)	**kapteinis** (v)	[kaptɛinis]
bootsman (de)	**bocmanis** (v)	[bɔtsmanis]
artillerist (de)	**artilērists** (v)	[artile:rists]
valschermjager (de)	**desantnieks** (v)	[dɛsantniɛks]
piloot (de)	**lidotājs** (v)	[lidɔta:js]
stuurman (de)	**stūrmanis** (v)	[stu:rmanis]
mecanicien (de)	**mehāniķis** (v)	[mexa:nitʲis]
sappeur (de)	**sapieris** (v)	[sapiɛris]
parachutist (de)	**izpletņa lēcējs** (v)	[izpletɲa le:tse:js]
verkenner (de)	**izlūks** (v)	[izlu:ks]
scherpschutter (de)	**snaiperis** (v)	[snaiperis]
patrouille (de)	**patruļa** (s)	[patrulʲa]
patrouilleren (ww)	**patrulēt**	[patrule:t]
wacht (de)	**sargs** (v)	[sargs]
krijger (de)	**karavīrs** (v)	[karavi:rs]
patriot (de)	**patriots** (v)	[patriɔts]
held (de)	**varonis** (v)	[varɔnis]
heldin (de)	**varone** (s)	[varɔne]
verrader (de)	**nodevējs** (v)	[nɔdɛve:js]
verraden (ww)	**nodot**	[nɔdɔt]
deserteur (de)	**dezertieris** (v)	[dɛzertiɛris]
deserteren (ww)	**dezertēt**	[dɛzerte:t]
huurling (de)	**algotnis** (v)	[algɔtnis]
rekruut (de)	**jauniesauktais** (v)	[jauniɛsauktais]
vrijwilliger (de)	**brīvprātīgais** (v)	[bri:vpra:ti:gais]
gedode (de)	**bojā gājušais** (v)	[bɔja: ga:juʃais]
gewonde (de)	**ievainotais** (v)	[iɛvainɔtais]
krijgsgevangene (de)	**gūsteknis** (v)	[gu:steknis]

112. Oorlog. Militaire acties. Deel 1

oorlog (de)	**karš** (v)	[karʃ]
oorlog voeren (ww)	**karot**	[karɔt]
burgeroorlog (de)	**pilsoņu karš** (v)	[pilsɔɲu karʃ]

achterbaks (bw)	**nodevīgi**	[nɔdevi:gi]
oorlogsverklaring (de)	**kara pieteikšana** (s)	[kara piɛtɛikʃana]
verklaren (de oorlog ~)	**pieteikt karu**	[piɛtɛikt karu]
agressie (de)	**agresija** (s)	[agresija]
aanvallen (binnenvallen)	**uzbrukt**	[uzbrukt]
binnenvallen (ww)	**iebrukt**	[iɛbrukt]
invaller (de)	**iebrucējs** (v)	[iɛbrutse:js]
veroveraar (de)	**iekarotājs** (v)	[iɛkarɔta:js]
verdediging (de)	**aizsardzība** (s)	[aizsardzi:ba]
verdedigen (je land ~)	**aizsargāt**	[aizsarga:t]
zich verdedigen (ww)	**aizsargāties**	[aizsarga:tiɛs]
vijand (de)	**ienaidnieks** (v)	[iɛnaidniɛks]
tegenstander (de)	**pretinieks** (v)	[pretiniɛks]
vijandelijk (bn)	**ienaidnieku**	[iɛnaidniɛku]
strategie (de)	**stratēģija** (s)	[strate:dʲija]
tactiek (de)	**taktika** (s)	[taktika]
order (de)	**pavēle** (s)	[pavɛ:le]
bevel (het)	**komanda** (s)	[kɔmanda]
bevelen (ww)	**pavēlēt**	[pavɛ:le:t]
opdracht (de)	**kara uzdevums** (v)	[kara uzdɛvums]
geheim (bn)	**slepens**	[slɛpens]
strijd, slag (de)	**kauja** (s)	[kauja]
strijd (de)	**cīņa** (s)	[tsi:ɲa]
aanval (de)	**uzbrukums** (v)	[uzbrukums]
bestorming (de)	**trieciens** (v)	[triɛtsiɛns]
bestormen (ww)	**doties triecienā**	[dɔties triɛtsiɛna:]
bezetting (de)	**aplenkums** (v)	[aplenkums]
aanval (de)	**uzbrukums** (v)	[uzbrukums]
in het offensief te gaan	**uzbrukt**	[uzbrukt]
terugtrekking (de)	**atkāpšanās** (s dsk)	[atka:pʃana:s]
zich terugtrekken (ww)	**atkāpties**	[atka:ptiɛs]
omsingeling (de)	**aplenkums** (v)	[aplenkums]
omsingelen (ww)	**aplenkt**	[aplenkt]
bombardement (het)	**bombardēšana** (s)	[bɔmbarde:ʃana]
een bom gooien	**nomest bumbu**	[nɔmest bumbu]
bombarderen (ww)	**bombardēt**	[bɔmbarde:t]
ontploffing (de)	**sprādziens** (v)	[spra:dziɛns]
schot (het)	**šāviens** (v)	[ʃa:viɛns]
een schot lossen	**izšaut**	[izʃaut]
schieten (het)	**šaušana** (s)	[ʃauʃana]
mikken op (ww)	**tēmēt uz ...**	[tɛ:me:t uz ...]
aanleggen (een wapen ~)	**tēmēt**	[tɛ:me:t]
treffen (doelwit ~)	**trāpīt**	[tra:pi:t]

zinken (tot zinken brengen)	**nogremdēt**	[nɔgremde:t]
kogelgat (het)	**caurums** (v)	[tsaurums]
zinken (gezonken zijn)	**grimt dibenā**	[grimt dibɛna:]
front (het)	**fronte** (s)	[frɔnte]
evacuatie (de)	**evakuācija** (s)	[ɛvakua:tsija]
evacueren (ww)	**evakuēt**	[ɛvakue:t]
loopgraaf (de)	**tranšeja** (s)	[tranʃeja]
prikkeldraad (de)	**dzeloņstieple** (s)	[dzelɔɲstiɛple]
verdedigingsobstakel (het)	**nožogojums** (v)	[nɔʒɔgɔjums]
wachttoren (de)	**tornis** (v)	[tɔrnis]
hospitaal (het)	**slimnīca** (s)	[slimni:tsa]
verwonden (ww)	**ievainot**	[iɛvainɔt]
wond (de)	**ievainojums** (v)	[iɛvainɔjums]
gewonde (de)	**ievainotais** (v)	[iɛvainɔtais]
gewond raken (ww)	**gūt ievainojumu**	[gu:t iɛvainɔjumu]
ernstig (~e wond)	**smags ievainojums**	[smags iɛvainɔjums]

113. Oorlog. Militaire acties. Deel 2

krijgsgevangenschap (de)	**gūsts** (v)	[gu:sts]
krijgsgevangen nemen	**saņemt gūstā**	[saɲemt gu:sta:]
krijgsgevangene zijn	**būt gūstā**	[bu:t gu:sta:]
krijgsgevangen genomen worden	**nokļūt gūstā**	[nɔklʲu:t gu:sta:]
concentratiekamp (het)	**koncentrācijas nometne** (s)	[kɔntsentra:tsijas nɔmetne]
krijgsgevangene (de)	**gūsteknis** (v)	[gu:steknis]
vluchten (ww)	**izbēgt**	[izbe:gt]
verraden (ww)	**nodot**	[nɔdɔt]
verrader (de)	**nodevējs** (v)	[nɔdɛve:js]
verraad (het)	**nodevība** (s)	[nɔdevi:ba]
fusilleren (executeren)	**nošaut**	[nɔʃaut]
executie (de)	**nošaušana** (s)	[nɔʃauʃana]
uitrusting (de)	**formas tērps** (v)	[fɔrmas te:rps]
schouderstuk (het)	**uzplecis** (v)	[uzpletsis]
gasmasker (het)	**gāzmaska** (s)	[ga:zmaska]
portofoon (de)	**rācija** (s)	[ra:tsija]
geheime code (de)	**šifrs** (v)	[ʃifrs]
samenzwering (de)	**konspirācija** (s)	[kɔnspira:tsija]
wachtwoord (het)	**parole** (s)	[parɔle]
mijn (landmijn)	**mīna** (s)	[mi:na]
ondermijnen (legden mijnen)	**nomīnēt**	[nɔmi:ne:t]
mijnenveld (het)	**mīnu lauks** (v)	[mi:nu lauks]
luchtalarm (het)	**gaisa trauksme** (s)	[gaisa trauksme]
alarm (het)	**trauksmes signāls** (v)	[trauksmes signa:ls]

signaal (het)	**signāls** (v)	[signa:ls]
vuurpijl (de)	**signālraķete** (s)	[signa:lratʲɛte]
staf (generale ~)	**štābs** (v)	[ʃta:bs]
verkenningstocht (de)	**izlūkdienests** (v)	[izlu:gdiɛnests]
toestand (de)	**stāvoklis** (v)	[sta:vɔklis]
rapport (het)	**ziņojums** (v)	[ziɲɔjums]
hinderlaag (de)	**slēpnis** (v)	[sle:pnis]
versterking (de)	**papildspēki** (v dsk)	[papildspe:ki]
doel (bewegend ~)	**mērķis** (v)	[me:rtʲis]
proefterrein (het)	**poligons** (v)	[pɔligɔns]
manoeuvres (mv.)	**manevri** (v dsk)	[manevri]
paniek (de)	**panika** (s)	[panika]
verwoesting (de)	**posti** (v dsk)	[pɔsti]
verwoestingen (mv.)	**postījumi** (v dsk)	[pɔsti:jumi]
verwoesten (ww)	**postīt**	[pɔsti:t]
overleven (ww)	**izdzīvot**	[izdzi:vɔt]
ontwapenen (ww)	**atbruņot**	[atbruɲɔt]
behandelen (een pistool ~)	**apiešanās ar ieročiem**	[apiɛʃana:s ar iɛrɔtʃiɛm]
Geeft acht!	**Mierā!**	[miɛra:!]
Op de plaats rust!	**Brīvi!**	[bri:vi!]
heldendaad (de)	**varoņdarbs** (v)	[varɔɲdarbs]
eed (de)	**zvērests** (v)	[zvɛ:rests]
zweren (een eed doen)	**zvērēt**	[zvɛ:re:t]
decoratie (de)	**balva** (s)	[balva]
onderscheiden (een ereteken geven)	**apbalvot**	[apbalvɔt]
medaille (de)	**medaļa** (s)	[mɛdalʲa]
orde (de)	**ordenis** (v)	[ɔrdenis]
overwinning (de)	**uzvara** (s)	[uzvara]
verlies (het)	**sakāve** (s)	[saka:ve]
wapenstilstand (de)	**pamiers** (v)	[pamiɛrs]
wimpel (vaandel)	**karogs** (v)	[karɔgs]
roem (de)	**slava** (s)	[slava]
parade (de)	**parāde** (s)	[para:de]
marcheren (ww)	**maršēt**	[marʃe:t]

114. Wapens

wapens (mv.)	**ieroči** (v dsk)	[iɛrɔtʃi]
vuurwapens (mv.)	**šaujamieroči** (v dsk)	[ʃaujamiɛrɔtʃi]
koude wapens (mv.)	**aukstie ieroči** (v dsk)	[aukstiɛ iɛrɔtʃi]
chemische wapens (mv.)	**ķīmiskie ieroči** (v dsk)	[tʲi:miskiɛ iɛrɔtʃi]
kern-, nucleair (bn)	**kodolu**	[kɔdɔlu]
kernwapens (mv.)	**kodolieroči** (v dsk)	[kɔdɔliɛrɔtʃi]

bom (de)	**bumba** (s)	[bumba]
atoombom (de)	**atombumba** (s)	[atɔmbumba]
pistool (het)	**pistole** (s)	[pistɔle]
geweer (het)	**šautene** (s)	[ʃautɛne]
machinepistool (het)	**automāts** (v)	[autɔma:ts]
machinegeweer (het)	**ložmetējs** (v)	[lɔʒmɛte:js]
loop (schietbuis)	**stops** (v)	[stɔps]
loop (bijv. geweer met kortere ~)	**stobrs** (v)	[stɔbrs]
kaliber (het)	**kalibrs** (v)	[kalibrs]
trekker (de)	**gailis** (v)	[gailis]
korrel (de)	**tēmeklis** (v)	[tɛ:meklis]
magazijn (het)	**magazīna** (s)	[magazi:na]
geweerkolf (de)	**laide** (s)	[laide]
granaat (handgranaat)	**granāta** (s)	[grana:ta]
explosieven (mv.)	**sprāgstviela** (s)	[spra:gstviɛla]
kogel (de)	**lode** (s)	[lɔde]
patroon (de)	**patrona** (s)	[patrɔna]
lading (de)	**lādiņš** (v)	[la:diɲʃ]
ammunitie (de)	**munīcija** (s)	[muni:tsija]
bommenwerper (de)	**bombardētājs** (v)	[bɔmbardɛ:ta:js]
straaljager (de)	**iznīcinātājs** (v)	[izni:tsina:ta:js]
helikopter (de)	**helikopters** (v)	[xelikɔptɛrs]
afweergeschut (het)	**zenītlielgabals** (v)	[zeni:tliɛlgabals]
tank (de)	**tanks** (v)	[tanks]
kanon (tank met een ~ van 76 mm)	**lielgabals** (v)	[liɛlgabals]
artillerie (de)	**artilērija** (s)	[artile:rija]
kanon (het)	**lielgabals** (v)	[liɛlgabals]
aanleggen (een wapen ~)	**tēmēt**	[tɛ:me:t]
projectiel (het)	**šāviņš** (v)	[ʃa:viɲʃ]
mortiergranaat (de)	**mīna** (s)	[mi:na]
mortier (de)	**mīnmetējs** (v)	[mi:nmɛte:js]
granaatscherf (de)	**šķemba** (s)	[ʃtʲemba]
duikboot (de)	**zemūdene** (s)	[zɛmu:dɛne]
torpedo (de)	**torpēda** (s)	[tɔrpɛ:da]
raket (de)	**raķete** (s)	[ratʲɛte]
laden (geweer, kanon)	**ielādēt**	[iɛla:de:t]
schieten (ww)	**šaut**	[ʃaut]
richten op (mikken)	**tēmēt uz ...**	[tɛ:me:t uz ...]
bajonet (de)	**durklis** (v)	[durklis]
degen (de)	**zobens** (v)	[zɔbens]
sabel (de)	**līkais zobens** (v)	[li:kais zɔbens]
speer (de)	**šķēps** (v)	[ʃtʲe:ps]

boog (de)	**loks** (v)	[lɔks]
pijl (de)	**bulta** (s)	[bulta]
musket (de)	**muskete** (s)	[muskɛte]
kruisboog (de)	**arbalets** (v)	[arbalets]

115. Oude mensen

primitief (bn)	**pirmatnējs**	[pirmatne:js]
voorhistorisch (bn)	**aizvēsturisks**	[aizve:sturisks]
eeuwenoude (~ beschaving)	**sens**	[sens]
Steentijd (de)	**akmens laikmets** (v)	[akmens laikmets]
Bronstijd (de)	**bronzas laikmets** (v)	[brɔnzas laikmets]
IJstijd (de)	**ledus periods** (v)	[lɛdus periɔds]
stam (de)	**cilts** (s)	[tsilts]
menseneter (de)	**kanibāls** (v)	[kaniba:ls]
jager (de)	**mednieks** (v)	[medniɛks]
jagen (ww)	**medīt**	[medi:t]
mammoet (de)	**mamuts** (v)	[mamuts]
grot (de)	**ala** (s)	[ala]
vuur (het)	**uguns** (v)	[uguns]
kampvuur (het)	**ugunskurs** (v)	[ugunskurs]
rotstekening (de)	**klinšu gleznojums** (v)	[klinʃu gleznɔjums]
werkinstrument (het)	**darbarīks** (v)	[darbari:ks]
speer (de)	**šķēps** (v)	[ʃtʲe:ps]
stenen bijl (de)	**akmens cirvis** (v)	[akmens tsirvis]
oorlog voeren (ww)	**karot**	[karɔt]
temmen (bijv. wolf ~)	**pieradināt dzīvniekus**	[piɛradina:t dzi:vniɛkus]
idool (het)	**elks** (v)	[elks]
aanbidden (ww)	**pielūgt**	[piɛlu:gt]
bijgeloof (het)	**māņticība** (s)	[ma:ɲtitsi:ba]
ritueel (het)	**rituāls** (v)	[ritua:ls]
evolutie (de)	**evolūcija** (s)	[ɛvɔlu:tsija]
ontwikkeling (de)	**attīstība** (s)	[atti:sti:ba]
verdwijning (de)	**izzušana** (s)	[izzuʃana]
zich aanpassen (ww)	**pielāgoties**	[piɛla:gɔtiɛs]
archeologie (de)	**arheoloģija** (s)	[arxeɔlɔdʲija]
archeoloog (de)	**arheologs** (v)	[arxeɔlɔgs]
archeologisch (bn)	**arheoloģisks**	[arxeɔlɔdʲisks]
opgravingsplaats (de)	**izrakumu vieta** (s)	[izrakumu viɛta]
opgravingen (mv.)	**izrakšanas darbi** (v dsk)	[izrakʃanas darbi]
vondst (de)	**atradums** (v)	[atradums]
fragment (het)	**fragments** (v)	[fragments]

116. Middeleeuwen

volk (het)	**tauta** (s)	[tauta]
volkeren (mv.)	**tautas** (s dsk)	[tautas]
stam (de)	**cilts** (s)	[tsilts]
stammen (mv.)	**ciltis** (s dsk)	[tsiltis]
barbaren (mv.)	**barbari** (v dsk)	[barbari]
Galliërs (mv.)	**galli** (v dsk)	[galli]
Goten (mv.)	**goti** (v dsk)	[gɔti]
Slaven (mv.)	**slāvi** (v dsk)	[sla:vi]
Vikings (mv.)	**vikingi** (v dsk)	[vikiŋgi]
Romeinen (mv.)	**romieši** (v dsk)	[rɔmiɛʃi]
Romeins (bn)	**Romas**	[rɔmas]
Byzantijnen (mv.)	**bizantieši** (v dsk)	[bizantiɛʃi]
Byzantium (het)	**Bizantija** (s)	[bizantija]
Byzantijns (bn)	**bizantiešu**	[bizantiɛʃu]
keizer (bijv. Romeinse ~)	**imperators** (v)	[impɛratɔrs]
opperhoofd (het)	**vadonis** (v)	[vadɔnis]
machtig (bn)	**varens**	[varens]
koning (de)	**karalis** (v)	[karalis]
heerser (de)	**valdnieks** (v)	[valdniɛks]
ridder (de)	**bruņinieks** (v)	[bruɲiniɛks]
feodaal (de)	**feodālis** (v)	[feɔda:lis]
feodaal (bn)	**feodāļu**	[feɔda:lʲu]
vazal (de)	**vasalis** (v)	[vasalis]
hertog (de)	**hercogs** (v)	[xertsɔgs]
graaf (de)	**grāfs** (v)	[gra:fs]
baron (de)	**barons** (v)	[barɔns]
bisschop (de)	**bīskaps** (v)	[bi:skaps]
harnas (het)	**bruņas** (s dsk)	[bruɲas]
schild (het)	**vairogs** (v)	[vairɔgs]
zwaard (het)	**šķēps** (v)	[ʃtʲe:ps]
vizier (het)	**sejsegs** (v)	[sejsegs]
maliënkolder (de)	**bruņu krekls** (v)	[bruɲu krekls]
kruistocht (de)	**krusta gājiens** (v)	[krusta ga:jiɛns]
kruisvaarder (de)	**krustnesis** (v)	[krustnesis]
gebied (bijv. bezette ~en)	**teritorija** (s)	[teritɔrija]
aanvallen (binnenvallen)	**uzbrukt**	[uzbrukt]
veroveren (ww)	**iekarot**	[iɛkarɔt]
innemen (binnenvallen)	**sagrābt**	[sagra:bt]
bezetting (de)	**aplenkums** (v)	[aplenkums]
bezet (bn)	**aplenkts**	[aplenkts]
belegeren (ww)	**aplenkt**	[aplenkt]
inquisitie (de)	**inkvizīcija** (s)	[inkvizi:tsija]
inquisiteur (de)	**inkvizitors** (v)	[inkvizitɔrs]

foltering (de)	**spīdzināšana** (s)	[spi:dzina:ʃana]
wreed (bn)	**nežēlīgs**	[neʒe:li:gs]
ketter (de)	**ķecerība** (s)	[tʲetseri:ba]
ketterij (de)	**ķeceris** (v)	[tʲetseris]
zeevaart (de)	**jūrniecība** (s)	[ju:rniɛtsi:ba]
piraat (de)	**pirāts** (v)	[pira:ts]
piraterij (de)	**pirātisms** (v)	[pira:tisms]
enteren (het)	**abordāža** (s)	[abɔrda:ʒa]
buit (de)	**laupījums** (v)	[laupi:jums]
schatten (mv.)	**dārgumi** (v dsk)	[da:rgumi]
ontdekking (de)	**atklāšana** (s)	[atkla:ʃana]
ontdekken (bijv. nieuw land)	**atklāt**	[atkla:t]
expeditie (de)	**ekspedīcija** (s)	[ekspedi:tsija]
musketier (de)	**musketieris** (v)	[musketiɛris]
kardinaal (de)	**kardināls** (v)	[kardina:ls]
heraldiek (de)	**heraldika** (s)	[xɛraldika]
heraldisch (bn)	**heraldisks**	[xɛraldisks]

117. Leider. Baas. Autoriteiten

koning (de)	**karalis** (v)	[karalis]
koningin (de)	**karaliene** (s)	[karaliɛne]
koninklijk (bn)	**karalisks**	[karalisks]
koninkrijk (het)	**karaliste** (s)	[karaliste]
prins (de)	**princis** (v)	[printsis]
prinses (de)	**princese** (s)	[printsɛse]
president (de)	**prezidents** (v)	[prezidents]
vicepresident (de)	**viceprezidents** (v)	[vitseprezidents]
senator (de)	**senators** (v)	[sɛnatɔrs]
monarch (de)	**monarhs** (v)	[mɔnarxs]
heerser (de)	**valdnieks** (v)	[valdniɛks]
dictator (de)	**diktators** (v)	[diktatɔrs]
tiran (de)	**tirāns** (v)	[tira:ns]
magnaat (de)	**magnāts** (v)	[magna:ts]
directeur (de)	**direktors** (v)	[direktɔrs]
chef (de)	**šefs** (v)	[ʃefs]
beheerder (de)	**pārvaldnieks** (v)	[pa:rvaldniɛks]
baas (de)	**boss** (v)	[bɔs]
eigenaar (de)	**saimnieks** (v)	[saimniɛks]
leider (de)	**vadītājs, līderis** (v)	[vadi:ta:js], [li:deris]
hoofd (bijv. ~ van de delegatie)	**galva** (s)	[galva]
autoriteiten (mv.)	**vara** (s)	[vara]
superieuren (mv.)	**priekšniecība** (s)	[priɛkʃniɛtsi:ba]
gouverneur (de)	**gubernators** (v)	[gubernatɔrs]
consul (de)	**konsuls** (v)	[kɔnsuls]

diplomaat (de)	**diplomāts** (v)	[diplɔma:ts]
burgemeester (de)	**mērs** (v)	[mɛ:rs]
sheriff (de)	**šerifs** (v)	[ʃerifs]
keizer (bijv. Romeinse ~)	**imperators** (v)	[impɛratɔrs]
tsaar (de)	**cars** (v)	[tsars]
farao (de)	**faraons** (v)	[faraɔns]
kan (de)	**hans** (v)	[xans]

118. De wet overtreden. Criminelen. Deel 1

bandiet (de)	**bandīts** (v)	[bandi:ts]
misdaad (de)	**noziegums** (v)	[nɔziɛgums]
misdadiger (de)	**noziedznieks** (v)	[nɔziɛdzniɛks]
dief (de)	**zaglis** (v)	[zaglis]
stelen (ww)	**zagt**	[zagt]
stelen (de)	**zagšana** (s)	[zagʃana]
diefstal (de)	**zādzība** (s)	[za:dzi:ba]
kidnappen (ww)	**nolaupīt**	[nɔlaupi:t]
kidnapping (de)	**nolaupīšana** (s)	[nɔlaupi:ʃana]
kidnapper (de)	**laupītājs** (v)	[laupi:ta:js]
losgeld (het)	**izpirkums** (v)	[izpirkums]
eisen losgeld (ww)	**prasīt izpirkumu**	[prasi:t izpirkumu]
overvallen (ww)	**aplaupīt**	[aplaupi:t]
overval (de)	**aplaupīšana** (s)	[aplaupi:ʃana]
overvaller (de)	**laupītājs** (v)	[laupi:ta:js]
afpersen (ww)	**izspiest**	[izspiɛst]
afperser (de)	**izspiedējs** (v)	[izspiɛde:js]
afpersing (de)	**izspiešana** (s)	[izspiɛʃana]
vermoorden (ww)	**noslepkavot**	[nɔslepkavɔt]
moord (de)	**slepkavība** (s)	[slepkavi:ba]
moordenaar (de)	**slepkava** (v)	[slepkava]
schot (het)	**šāviens** (v)	[ʃa:viɛns]
een schot lossen	**izšaut**	[izʃaut]
neerschieten (ww)	**nošaut**	[nɔʃaut]
schieten (ww)	**šaut**	[ʃaut]
schieten (het)	**šaušana** (s)	[ʃauʃana]
ongeluk (gevecht, enz.)	**notikums** (v)	[nɔtikums]
gevecht (het)	**kautiņš** (v)	[kautiɲʃ]
Help!	**Palīgā!**	[pali:ga:!]
slachtoffer (het)	**upuris** (v)	[upuris]
beschadigen (ww)	**sabojāt**	[sabɔja:t]
schade (de)	**kaitējums** (v)	[kaite:jums]
lijk (het)	**līķis** (v)	[li:tʲis]
zwaar (~ misdrijf)	**smags noziegums**	[smags nɔziɛgums]

aanvallen (ww)	**uzbrukt**	[uzbrukt]
slaan (iemand ~)	**sist**	[sist]
in elkaar slaan (toetakelen)	**piekaut**	[piɛkaut]
ontnemen (beroven)	**atņemt**	[atɲemt]
steken (met een mes)	**nodurt**	[nɔdurt]
verminken (ww)	**sakropļot**	[sakrɔplʲɔt]
verwonden (ww)	**ievainot**	[iɛvainɔt]
chantage (de)	**šantāža** (s)	[ʃanta:ʒa]
chanteren (ww)	**šantažēt**	[ʃantaʒe:t]
chanteur (de)	**šantāžists** (v)	[ʃanta:ʒists]
afpersing (de)	**rekets** (v)	[rɛkets]
afperser (de)	**reketieris** (v)	[rɛketiɛris]
gangster (de)	**gangsteris** (v)	[gaŋgsteris]
maffia (de)	**mafija** (s)	[mafija]
kruimeldief (de)	**kabatzaglis** (v)	[kabatzaglis]
inbreker (de)	**kramplauzis** (v)	[kramplauzis]
smokkelen (het)	**kontrabanda** (s)	[kɔntrabanda]
smokkelaar (de)	**kontrabandists** (v)	[kɔntrabandists]
namaak (de)	**viltojums** (v)	[viltɔjums]
namaken (ww)	**viltot**	[viltɔt]
namaak-, vals (bn)	**viltots**	[viltɔts]

119. De wet overtreden. Criminelen. Deel 2

verkrachting (de)	**izvarošana** (s)	[izvarɔʃana]
verkrachten (ww)	**izvarot**	[izvarɔt]
verkrachter (de)	**izvarotājs** (v)	[izvarɔta:js]
maniak (de)	**maniaks** (v)	[maniaks]
prostituee (de)	**prostitūta** (s)	[prɔstitu:ta]
prostitutie (de)	**prostitūcija** (s)	[prɔstitu:tsija]
pooier (de)	**suteners** (v)	[sutɛnɛrs]
drugsverslaafde (de)	**narkomāns** (v)	[narkɔma:ns]
drugshandelaar (de)	**narkotiku tirgotājs** (v)	[narkɔtiku tirgɔta:js]
opblazen (ww)	**uzspridzināt**	[uzspridzina:t]
explosie (de)	**sprādziens** (v)	[spra:dziɛns]
in brand steken (ww)	**aizdedzināt**	[aizdedzina:t]
brandstichter (de)	**dedzinātājs** (v)	[dedzina:ta:js]
terrorisme (het)	**terorisms** (v)	[terɔrisms]
terrorist (de)	**terorists** (v)	[terɔrists]
gijzelaar (de)	**ķīlnieks** (v)	[tʲi:lniɛks]
bedriegen (ww)	**piekrāpt**	[piɛkra:pt]
bedrog (het)	**krāpšana** (s)	[kra:pʃana]
oplichter (de)	**krāpnieks** (v)	[kra:pniɛks]
omkopen (ww)	**piekukuļot**	[piɛkukulʲɔt]
omkoperij (de)	**piekukuļošana** (s)	[piɛkukulʲɔʃana]

smeergeld (het)	**kukulis** (v)	[kukulis]
vergif (het)	**inde** (s)	[inde]
vergiftigen (ww)	**noindēt**	[nɔinde:t]
vergif innemen (ww)	**noindēties**	[nɔinde:tiɛs]
zelfmoord (de)	**pašnāvība** (s)	[paʃna:vi:ba]
zelfmoordenaar (de)	**pašnāvnieks** (v)	[paʃna:vniɛks]
bedreigen (bijv. met een pistool)	**draudēt**	[draude:t]
bedreiging (de)	**drauds** (v)	[drauds]
een aanslag plegen	**mēģinājums**	[me:dʲina:jums]
aanslag (de)	**slepkavības mēģinājums** (v)	[slepkavi:bas me:dʲina:jums]
stelen (een auto)	**aizdzīt**	[aizdzi:t]
kapen (een vliegtuig)	**aizdzīt**	[aizdzi:t]
wraak (de)	**atriebība** (s)	[atriɛbi:ba]
wreken (ww)	**atriebties**	[atriɛbtiɛs]
martelen (gevangenen)	**spīdzināt**	[spi:dzina:t]
foltering (de)	**spīdzināšana** (s)	[spi:dzina:ʃana]
folteren (ww)	**mocīt**	[mɔtsi:t]
piraat (de)	**pirāts** (v)	[pira:ts]
straatschender (de)	**huligāns** (v)	[xuliga:ns]
gewapend (bn)	**apbruņots**	[apbruɲɔts]
geweld (het)	**varmācība** (s)	[varma:tsi:ba]
onwettig (strafbaar)	**nelikumīgs**	[nelikumi:gs]
spionage (de)	**spiegošana** (s)	[spiɛgɔʃana]
spioneren (ww)	**spiegot**	[spiɛgɔt]

120. Politie. Wet. Deel 1

gerecht (het)	**tiesas spriešana** (s)	[tiɛsas spriɛʃana]
gerechtshof (het)	**tiesa** (s)	[tiɛsa]
rechter (de)	**tiesnesis** (v)	[tiɛsnesis]
jury (de)	**zvērinātie** (v dsk)	[zve:rina:tiɛ]
juryrechtspraak (de)	**zvērināto tiesa** (s)	[zve:rina:tɔ tiɛsa]
berechten (ww)	**spriest**	[spriɛst]
advocaat (de)	**advokāts** (v)	[advɔka:ts]
beklaagde (de)	**tiesājamais** (v)	[tiɛsa:jamais]
beklaagdenbank (de)	**apsūdzēto sols** (v)	[apsu:dze:tɔ sɔls]
beschuldiging (de)	**apsūdzība** (s)	[apsu:dzi:ba]
beschuldigde (de)	**apsūdzētais** (v)	[apsu:dzɛ:tais]
vonnis (het)	**spriedums** (v)	[spriɛdums]
veroordelen (in een rechtszaak)	**piespriest**	[piɛspriɛst]
schuldige (de)	**vaininieks** (v)	[vaininiɛks]

straffen (ww)	**sodīt**	[sɔdi:t]
bestraffing (de)	**sods** (v)	[sɔds]
boete (de)	**soda nauda** (s)	[sɔda nauda]
levenslange opsluiting (de)	**mūža ieslodzījums** (v)	[mu:ʒa iɛslɔdzi:jums]
doodstraf (de)	**nāves sods** (v)	[na:ves sɔds]
elektrische stoel (de)	**elektriskais krēsls** (v)	[ɛlektriskais kre:sls]
schavot (het)	**karātavas** (s dsk)	[kara:tavas]
executeren (ww)	**sodīt ar nāvi**	[sɔdi:t ar na:vi]
executie (de)	**nāves soda izpilde** (s)	[na:ves sɔda izpilde]
gevangenis (de)	**cietums** (v)	[tsiɛtums]
cel (de)	**kamera** (s)	[kamɛra]
konvooi (het)	**konvojs** (v)	[kɔnvɔjs]
gevangenisbewaker (de)	**uzraugs** (v)	[uzraugs]
gedetineerde (de)	**ieslodzītais** (v)	[iɛslɔdzi:tais]
handboeien (mv.)	**roku dzelži** (v dsk)	[rɔku dzelʒi]
handboeien omdoen	**ieslēgt roku dzelžos**	[iɛsle:gt rɔku dzelʒɔs]
ontsnapping (de)	**izbēgšana no cietuma** (s)	[izbe:gʃana nɔ tsiɛtuma]
ontsnappen (ww)	**bēgt no cietuma**	[be:gt nɔ tsiɛtuma]
verdwijnen (ww)	**pazust**	[pazust]
vrijlaten (uit de gevangenis)	**atbrīvot**	[atbri:vɔt]
amnestie (de)	**amnestija** (s)	[amnestija]
politie (de)	**policija** (s)	[pɔlitsija]
politieagent (de)	**policists** (v)	[pɔlitsists]
politiebureau (het)	**policijas iecirknis** (v)	[pɔlitsijas iɛtsirknis]
knuppel (de)	**gumijas nūja** (s)	[gumijas nu:ja]
megafoon (de)	**rupors** (v)	[rupɔrs]
patrouilleerwagen (de)	**patruļa mašīna** (s)	[patrulʲa maʃi:na]
sirene (de)	**sirēna** (s)	[sirɛ:na]
de sirene aansteken	**ieslēgt sirēnu**	[iɛsle:gt sirɛ:nu]
geloei (het) van de sirene	**sirēnas gaudošana** (s)	[sirɛ:nas gaudɔʃana]
plaats delict (de)	**notikuma vieta** (s)	[nɔtikuma viɛta]
getuige (de)	**liecinieks** (v)	[liɛtsiniɛks]
vrijheid (de)	**brīvība** (s)	[bri:vi:ba]
handlanger (de)	**līdzzinātājs** (v)	[li:dzzina:ta:js]
ontvluchten (ww)	**paslēpties**	[pasle:ptiɛs]
spoor (het)	**pēda** (s)	[pɛ:da]

121. Politie. Wet. Deel 2

opsporing (de)	**meklēšana** (s)	[mekle:ʃana]
opsporen (ww)	**meklēt ...**	[mekle:t ...]
verdenking (de)	**aizdomas** (s dsk)	[aizdɔmas]
verdacht (bn)	**aizdomīgs**	[aizdɔmi:gs]
aanhouden (stoppen)	**apturēt**	[apture:t]
tegenhouden (ww)	**aizturēt**	[aizture:t]

strafzaak (de)	**lieta** (s)	[liɛta]
onderzoek (het)	**izmeklēšana** (s)	[izmekle:ʃana]
detective (de)	**detektīvs** (v)	[dɛtekti:vs]
onderzoeksrechter (de)	**izmeklētājs** (v)	[izmeklɛ:ta:js]
versie (de)	**versija** (s)	[vɛrsija]
motief (het)	**motīvs** (v)	[mɔti:vs]
verhoor (het)	**pratināšana** (s)	[pratina:ʃana]
ondervragen (door de politie)	**pratināt**	[pratina:t]
ondervragen (omstanders ~)	**aptaujāt**	[aptauja:t]
controle (de)	**pārbaude** (s)	[pa:rbaude]
razzia (de)	**tvarstīšana** (s)	[tvarsti:ʃana]
huiszoeking (de)	**kratīšana** (s)	[krati:ʃana]
achtervolging (de)	**pakaļdzīšanās** (s)	[pakalʲdzi:ʃana:s]
achtervolgen (ww)	**vajāt**	[vaja:t]
opsporen (ww)	**atsekot**	[atsekɔt]
arrest (het)	**arests** (v)	[arests]
arresteren (ww)	**arestēt**	[areste:t]
vangen, aanhouden (een dief, enz.)	**noķert**	[nɔtʲert]
aanhouding (de)	**satveršana** (s)	[satverʃana]
document (het)	**dokuments** (v)	[dɔkuments]
bewijs (het)	**pierādījums** (v)	[piɛra:di:jums]
bewijzen (ww)	**pierādīt**	[piɛra:di:t]
voetspoor (het)	**pēda** (s)	[pɛ:da]
vingerafdrukken (mv.)	**pirkstu nospiedumi** (v dsk)	[pirkstu nɔspiɛdumi]
bewijs (het)	**pierādījums** (v)	[piɛra:di:jums]
alibi (het)	**alibi** (v)	[alibi]
onschuldig (bn)	**nevainīgais**	[nɛvaini:gais]
onrecht (het)	**netaisnība** (s)	[nɛtaisni:ba]
onrechtvaardig (bn)	**netaisnīgs**	[nɛtaisni:gs]
crimineel (bn)	**kriminālais**	[krimina:lais]
confisqueren (in beslag nemen)	**konfiscēt**	[kɔnfistse:t]
drug (de)	**narkotiska viela** (s)	[narkɔtiska viɛla]
wapen (het)	**ierocis** (v)	[iɛrɔtsis]
ontwapenen (ww)	**atbruņot**	[atbruɲɔt]
bevelen (ww)	**pavēlēt**	[pavɛ:le:t]
verdwijnen (ww)	**pazust**	[pazust]
wet (de)	**likums** (v)	[likums]
wettelijk (bn)	**likumīgs**	[likumi:gs]
onwettelijk (bn)	**nelikumīgs**	[nelikumi:gs]
verantwoordelijkheid (de)	**atbildība** (s)	[atbildi:ba]
verantwoordelijk (bn)	**atbildīgais**	[atbildi:gais]

NATUUR

De Aarde. Deel 1

122. De kosmische ruimte

kosmos (de)	**kosmoss** (v)	[kɔsmɔs]
kosmisch (bn)	**kosmiskais**	[kɔsmiskais]
kosmische ruimte (de)	**kosmiskā telpa** (s)	[kɔsmiska: telpa]
wereld (de)	**visums** (v)	[visums]
heelal (het)	**pasaule** (s)	[pasaule]
sterrenstelsel (het)	**galaktika** (s)	[galaktika]
ster (de)	**zvaigzne** (s)	[zvaigzne]
sterrenbeeld (het)	**zvaigznājs** (v)	[zvaigzna:js]
planeet (de)	**planēta** (s)	[planɛ:ta]
satelliet (de)	**pavadonis** (v)	[pavadɔnis]
meteoriet (de)	**meteorīts** (v)	[mɛteɔri:ts]
komeet (de)	**komēta** (s)	[kɔmɛ:ta]
asteroïde (de)	**asteroīds** (v)	[asterɔi:ds]
baan (de)	**orbīta** (s)	[ɔrbi:ta]
draaien (om de zon, enz.)	**griezties ap**	[griɛzties ap]
atmosfeer (de)	**atmosfēra** (s)	[atmɔsfɛ:ra]
Zon (de)	**Saule** (s)	[saule]
zonnestelsel (het)	**Saules sistēma** (s)	[saules sistɛ:ma]
zonsverduistering (de)	**Saules aptumsums** (v)	[saules aptumsums]
Aarde (de)	**Zeme** (s)	[zɛme]
Maan (de)	**Mēness** (v)	[mɛ:nes]
Mars (de)	**Marss** (v)	[mars]
Venus (de)	**Venēra** (s)	[vɛnɛ:ra]
Jupiter (de)	**Jupiters** (v)	[jupitɛrs]
Saturnus (de)	**Saturns** (v)	[saturns]
Mercurius (de)	**Merkus** (v)	[merkus]
Uranus (de)	**Urāns** (v)	[ura:ns]
Neptunus (de)	**Neptūns** (v)	[neptu:ns]
Pluto (de)	**Plutons** (v)	[plutɔns]
Melkweg (de)	**Piena ceļš** (v)	[piɛna tselʲʃ]
Grote Beer (de)	**Lielais Lācis** (v)	[liɛlais la:tsis]
Poolster (de)	**Polārzvaigzne** (s)	[pɔla:rzvaigzne]
marsmannetje (het)	**marsietis** (v)	[marsiɛtis]
buitenaards wezen (het)	**citplanētietis** (v)	[tsitplane:tiɛtis]

bovenaards (het)	**atnācējs** (v)	[atna:tse:js]
vliegende schotel (de)	**lidojošais šķīvis** (v)	[lidɔjɔʃais ʃtʲi:vis]
ruimtevaartuig (het)	**kosmiskais kuģis** (v)	[kɔsmiskais kudʲis]
ruimtestation (het)	**orbitālā stacija** (s)	[ɔrbita:la: statsija]
start (de)	**starts** (v)	[starts]
motor (de)	**dzinējs** (v)	[dzine:js]
straalpijp (de)	**sprausla** (s)	[sprausla]
brandstof (de)	**degviela** (s)	[degviɛla]
cabine (de)	**kabīne** (s)	[kabi:ne]
antenne (de)	**antena** (s)	[antɛna]
patrijspoort (de)	**iluminators** (v)	[iluminatɔrs]
zonnebatterij (de)	**saules baterija** (s)	[saules baterija]
ruimtepak (het)	**skafandrs** (v)	[skafandrs]
gewichtloosheid (de)	**bezsvara stāvoklis** (v)	[bezsvara sta:vɔklis]
zuurstof (de)	**skābeklis** (v)	[ska:beklis]
koppeling (de)	**savienošanās** (s)	[saviɛnɔʃana:s]
koppeling maken	**savienoties**	[saviɛnɔtiɛs]
observatorium (het)	**observatorija** (s)	[ɔbservatɔrija]
telescoop (de)	**teleskops** (v)	[tɛleskɔps]
waarnemen (ww)	**novērot**	[nɔve:rɔt]
exploreren (ww)	**pētīt**	[pe:ti:t]

123. De Aarde

Aarde (de)	**Zeme** (s)	[zɛme]
aardbol (de)	**zemeslode** (s)	[zɛmeslɔde]
planeet (de)	**planēta** (s)	[planɛ:ta]
atmosfeer (de)	**atmosfēra** (s)	[atmɔsfɛ:ra]
aardrijkskunde (de)	**ģeogrāfija** (s)	[dʲeɔgra:fija]
natuur (de)	**daba** (s)	[daba]
wereldbol (de)	**globuss** (v)	[glɔbus]
kaart (de)	**karte** (s)	[karte]
atlas (de)	**atlants** (v)	[atlants]
Europa (het)	**Eiropa** (s)	[ɛirɔpa]
Azië (het)	**Āzija** (s)	[a:zija]
Afrika (het)	**Āfrika** (s)	[a:frika]
Australië (het)	**Austrālija** (s)	[austra:lija]
Amerika (het)	**Amerika** (s)	[amerika]
Noord-Amerika (het)	**Ziemeļamerika** (s)	[ziɛmɛlʲamerika]
Zuid-Amerika (het)	**Dienvidamerika** (s)	[diɛnvidamerika]
Antarctica (het)	**Antarktīda** (s)	[antarkti:da]
Arctis (de)	**Arktika** (s)	[arktika]

124. Windrichtingen

noorden (het)	**ziemeļi** (v dsk)	[ziɛmelʲi]
naar het noorden	**uz ziemeļiem**	[uz ziɛmelʲiɛm]
in het noorden	**ziemeļos**	[ziɛmelʲɔs]
noordelijk (bn)	**ziemeļu**	[ziɛmɛlʲu]
zuiden (het)	**dienvidi** (v dsk)	[diɛnvidi]
naar het zuiden	**uz dienvidiem**	[uz diɛnvidiɛm]
in het zuiden	**dienvidos**	[diɛnvidɔs]
zuidelijk (bn)	**dienvidu**	[diɛnvidu]
westen (het)	**rietumi** (v dsk)	[riɛtumi]
naar het westen	**uz rietumiem**	[uz riɛtumiɛm]
in het westen	**rietumos**	[riɛtumɔs]
westelijk (bn)	**rietumu**	[riɛtumu]
oosten (het)	**austrumi** (v dsk)	[austrumi]
naar het oosten	**uz austrumiem**	[uz austrumiɛm]
in het oosten	**austrumos**	[austrumɔs]
oostelijk (bn)	**austrumu**	[austrumu]

125. Zee. Oceaan

zee (de)	**jūra** (s)	[ju:ra]
oceaan (de)	**okeāns** (v)	[ɔkea:ns]
golf (baai)	**jūras līcis** (v)	[ju:ras li:tsis]
straat (de)	**jūras šaurums** (v)	[ju:ras ʃaurums]
grond (vaste grond)	**sauszeme** (s)	[sauszɛme]
continent (het)	**kontinents** (v)	[kɔntinents]
eiland (het)	**sala** (s)	[sala]
schiereiland (het)	**pussala** (s)	[pusala]
archipel (de)	**arhipelāgs** (v)	[arxipɛla:gs]
baai, bocht (de)	**līcis** (v)	[li:tsis]
haven (de)	**osta** (s)	[ɔsta]
lagune (de)	**lagūna** (s)	[lagu:na]
kaap (de)	**zemesrags** (v)	[zɛmesrags]
atol (de)	**atols** (v)	[atɔls]
rif (het)	**rifs** (v)	[rifs]
koraal (het)	**korallis** (v)	[kɔrallis]
koraalrif (het)	**koraļļu rifs** (v)	[kɔrallʲu rifs]
diep (bn)	**dziļš**	[dzilʲʃ]
diepte (de)	**dziļums** (v)	[dzilʲums]
diepzee (de)	**dzelme** (s)	[dzelme]
trog (bijv. Marianentrog)	**ieplaka** (s)	[iɛplaka]
stroming (de)	**straume** (s)	[straume]
omspoelen (ww)	**apskalot**	[apskalɔt]
oever (de)	**krasts** (v)	[krasts]

kust (de)	**piekraste** (s)	[piɛkraste]
vloed (de)	**paisums** (v)	[paisums]
eb (de)	**bēgums** (v)	[bɛ:gums]
ondiepte (ondiep water)	**sēklis** (v)	[se:klis]
bodem (de)	**gultne** (s)	[gultne]
golf (hoge ~)	**vilnis** (v)	[vilnis]
golfkam (de)	**viļņa mugura** (s)	[vilʲɲa mugura]
schuim (het)	**putas** (s)	[putas]
orkaan (de)	**viesulis** (v)	[viɛsulis]
tsunami (de)	**cunami** (v)	[tsunami]
windstilte (de)	**bezvējš** (v)	[bezve:jʃ]
kalm (bijv. ~e zee)	**mierīgs**	[miɛri:gs]
pool (de)	**pols** (v)	[pɔls]
polair (bn)	**polārais**	[pɔla:rais]
breedtegraad (de)	**platums** (v)	[platums]
lengtegraad (de)	**garums** (v)	[garums]
parallel (de)	**paralēle** (s)	[paralɛ:le]
evenaar (de)	**ekvators** (v)	[ekvatɔrs]
hemel (de)	**debess** (s)	[dɛbes]
horizon (de)	**horizonts** (v)	[xɔrizɔnts]
lucht (de)	**gaiss** (v)	[gais]
vuurtoren (de)	**bāka** (s)	[ba:ka]
duiken (ww)	**nirt**	[nirt]
zinken (ov. een boot)	**nogrimt**	[nɔgrimt]
schatten (mv.)	**dārgumi** (v dsk)	[da:rgumi]

126. Namen van zeeën en oceanen

Atlantische Oceaan (de)	**Atlantijas okeāns** (v)	[atlantijas ɔkea:ns]
Indische Oceaan (de)	**Indijas okeāns** (v)	[indijas ɔkea:ns]
Stille Oceaan (de)	**Klusais okeāns** (v)	[klusais ɔkea:ns]
Noordelijke IJszee (de)	**Ziemeļu Ledus okeāns** (v)	[ziɛmɛlʲu lɛdus ɔkea:ns]
Zwarte Zee (de)	**Melnā jūra** (s)	[melna: ju:ra]
Rode Zee (de)	**Sarkanā jūra** (s)	[sarkana: ju:ra]
Gele Zee (de)	**Dzeltenā jūra** (s)	[dzeltɛna: ju:ra]
Witte Zee (de)	**Baltā jūra** (s)	[balta: ju:ra]
Kaspische Zee (de)	**Kaspijas jūra** (s)	[kaspijas ju:ra]
Dode Zee (de)	**Nāves jūra** (s)	[na:ves ju:ra]
Middellandse Zee (de)	**Vidusjūra** (s)	[vidusju:ra]
Egeïsche Zee (de)	**Egejas jūra** (s)	[ɛgejas ju:ra]
Adriatische Zee (de)	**Adrijas jūra** (s)	[adrijas ju:ra]
Arabische Zee (de)	**Arābijas jūra** (s)	[ara:bijas ju:ra]
Japanse Zee (de)	**Japāņu jūra** (s)	[japa:ɲu ju:ra]
Beringzee (de)	**Beringa jūra** (s)	[beriŋga ju:ra]

Zuid-Chinese Zee (de)	**Dienvidķīnas jūra** (s)	[diɛnvidtʲi:nas ju:ra]
Koraalzee (de)	**Koraļļu jūra** (s)	[kɔrallʲu ju:ra]
Tasmanzee (de)	**Tasmāna jūra** (s)	[tasma:na ju:ra]
Caribische Zee (de)	**Karību jūra** (s)	[kari:bu ju:ra]
Barentszzee (de)	**Barenca jūra** (s)	[barentsa ju:ra]
Karische Zee (de)	**Karas jūra** (s)	[karas ju:ra]
Noordzee (de)	**Ziemeļjūra** (s)	[ziɛmelʲju:ra]
Baltische Zee (de)	**Baltijas jūra** (s)	[baltijas ju:ra]
Noorse Zee (de)	**Norvēģu jūra** (s)	[nɔrvɛ:dʲu ju:ra]

127. Bergen

berg (de)	**kalns** (v)	[kalns]
bergketen (de)	**kalnu virkne** (s)	[kalnu virkne]
gebergte (het)	**kalnu grēda** (s)	[kalnu grɛ:da]
bergtop (de)	**virsotne** (s)	[virsɔtne]
bergpiek (de)	**smaile** (s)	[smaile]
voet (ov. de berg)	**pakāje** (s)	[paka:je]
helling (de)	**nogāze** (s)	[nɔga:ze]
vulkaan (de)	**vulkāns** (v)	[vulka:ns]
actieve vulkaan (de)	**darvojošais vulkāns** (v)	[darvɔjɔʃais vulka:ns]
uitgedoofde vulkaan (de)	**nodzisušais vulkāns** (v)	[nɔdzisuʃais vulka:ns]
uitbarsting (de)	**izvirdums** (v)	[izvirdums]
krater (de)	**krāteris** (v)	[kra:teris]
magma (het)	**magma** (s)	[magma]
lava (de)	**lava** (s)	[lava]
gloeiend (~e lava)	**karstais**	[karstais]
kloof (canyon)	**kanjons** (v)	[kanjɔns]
bergkloof (de)	**aiza** (s)	[aiza]
spleet (de)	**plaisa** (s)	[plaisa]
afgrond (de)	**bezdibenis** (v)	[bezdibenis]
bergpas (de)	**pāreja** (s)	[pa:reja]
plateau (het)	**plato** (v)	[platɔ]
klip (de)	**klints** (s)	[klints]
heuvel (de)	**pakalns** (v)	[pakalns]
gletsjer (de)	**ledājs** (v)	[lɛda:js]
waterval (de)	**ūdenskritums** (v)	[u:denskritums]
geiser (de)	**geizers** (v)	[gɛizɛrs]
meer (het)	**ezers** (v)	[ɛzɛrs]
vlakte (de)	**līdzenums** (v)	[li:dzenums]
landschap (het)	**ainava** (s)	[ainava]
echo (de)	**atbalss** (s)	[atbals]
alpinist (de)	**alpīnists** (v)	[alpi:nists]
bergbeklimmer (de)	**klinšu kāpējs** (v)	[klinʃu ka:pe:js]

trotseren (berg ~)	**iekarot**	[iɛkarɔt]
beklimming (de)	**uzkāpšana** (s)	[uzka:pʃana]

128. Bergen namen

Alpen (de)	**Alpi** (v dsk)	[alpi]
Mont Blanc (de)	**Monblāns** (v)	[mɔnbla:ns]
Pyreneeën (de)	**Pireneji** (v dsk)	[pirɛneji]
Karpaten (de)	**Karpati** (v dsk)	[karpati]
Oeralgebergte (het)	**Urālu kalni** (v dsk)	[ura:lu kalni]
Kaukasus (de)	**Kaukāzs** (v)	[kauka:zs]
Elbroes (de)	**Elbruss** (v)	[elbrus]
Altaj (de)	**Altaja kalni** (v)	[altaja kalni]
Tiensjan (de)	**Tjanšana kalni** (v)	[tjanʃana kalni]
Pamir (de)	**Pamirs** (v)	[pamirs]
Himalaya (de)	**Himalaji** (v dsk)	[ximalaji]
Everest (de)	**Everests** (v)	[ɛvɛrests]
Andes (de)	**Andu kalni** (v dsk)	[andu kalni]
Kilimanjaro (de)	**Kilimandžaro** (v)	[kilimandʒarɔ]

129. Rivieren

rivier (de)	**upe** (s)	[upe]
bron (~ van een rivier)	**ūdens avots** (v)	[u:dens avɔts]
rivierbedding (de)	**gultne** (s)	[gultne]
rivierbekken (het)	**upes baseins** (v)	[upes basɛins]
uitmonden in ...	**ieplūst ...**	[iɛplu:st ...]
zijrivier (de)	**pieteka** (s)	[piɛtɛka]
oever (de)	**krasts** (v)	[krasts]
stroming (de)	**straume** (s)	[straume]
stroomafwaarts (bw)	**plūsmas lejtecē**	[plu:smas lejtetse:]
stroomopwaarts (bw)	**plūsmas augštecē**	[plu:smas augʃtetse:]
overstroming (de)	**plūdi** (v dsk)	[plu:di]
overstroming (de)	**pali** (v dsk)	[pali]
buiten zijn oevers treden	**pārplūst**	[pa:rplu:st]
overstromen (ww)	**appludināt**	[appludina:t]
zandbank (de)	**sēklis** (v)	[se:klis]
stroomversnelling (de)	**krāce** (s)	[kra:tse]
dam (de)	**dambis** (v)	[dambis]
kanaal (het)	**kanāls** (v)	[kana:ls]
spaarbekken (het)	**ūdenskrātuve** (s)	[u:denskra:tuve]
sluis (de)	**slūžas** (s)	[slu:ʒas]
waterlichaam (het)	**ūdenstilpe** (s)	[u:denstilpe]
moeras (het)	**purvs** (v)	[purvs]

broek (het)	**staignājs** (v)	[staigna:js]
draaikolk (de)	**virpulis** (v)	[virpulis]
stroom (de)	**strauts** (v)	[strauts]
drink- (abn)	**dzeramais**	[dzɛramais]
zoet (~ water)	**sājš**	[sa:jʃ]
IJs (het)	**ledus** (v)	[lɛdus]
bevriezen (rivier, enz.)	**aizsalt**	[aizsalt]

130. Namen van rivieren

Seine (de)	**Sēna** (s)	[sɛ:na]
Loire (de)	**Luāra** (s)	[lua:ra]
Theems (de)	**Temza** (s)	[temza]
Rijn (de)	**Reina** (s)	[rɛina]
Donau (de)	**Donava** (s)	[dɔnava]
Wolga (de)	**Volga** (s)	[vɔlga]
Don (de)	**Dona** (s)	[dɔna]
Lena (de)	**Ļena** (s)	[lʲɛna]
Gele Rivier (de)	**Huanhe** (s)	[xuanxe]
Blauwe Rivier (de)	**Jandzi** (s)	[jandzi]
Mekong (de)	**Mekonga** (s)	[mekɔŋga]
Ganges (de)	**Ganga** (s)	[gaŋga]
Nijl (de)	**Nīla** (s)	[ni:la]
Kongo (de)	**Kongo** (s)	[kɔŋgɔ]
Okavango (de)	**Okavango** (s)	[ɔkavaŋgɔ]
Zambezi (de)	**Zambezi** (s)	[zambezi]
Limpopo (de)	**Limpopo** (s)	[limpɔpɔ]
Mississippi (de)	**Misisipi** (s)	[misisipi]

131. Bos

bos (het)	**mežs** (v)	[meʒs]
bos- (abn)	**meža**	[meʒa]
oerwoud (dicht bos)	**meža biezoknis** (v)	[meʒa biɛzɔknis]
bosje (klein bos)	**birze** (s)	[birze]
open plek (de)	**nora** (s)	[nɔra]
struikgewas (het)	**krūmājs** (v)	[kru:ma:js]
struiken (mv.)	**krūmi** (v dsk)	[kru:mi]
paadje (het)	**taciņa** (s)	[tatsiɲa]
ravijn (het)	**grava** (s)	[grava]
boom (de)	**koks** (v)	[kɔks]
blad (het)	**lapa** (s)	[lapa]

gebladerte (het)	**lapas** (s dsk)	[lapas]
vallende bladeren (mv.)	**lapkritis** (v)	[lapkritis]
vallen (ov. de bladeren)	**lapas krīt**	[lapas kri:t]
boomtop (de)	**virsotne** (s)	[virsɔtne]
tak (de)	**zariņš** (v)	[zariɲʃ]
ent (de)	**zars** (v)	[zars]
knop (de)	**pumpurs** (v)	[pumpurs]
naald (de)	**skuja** (s)	[skuja]
dennenappel (de)	**čiekurs** (v)	[tʃiɛkurs]
boom holte (de)	**dobums** (v)	[dɔbums]
nest (het)	**ligzda** (s)	[ligzda]
hol (het)	**ala** (s)	[ala]
stam (de)	**stumbrs** (v)	[stumbrs]
wortel (bijv. boom~s)	**sakne** (s)	[sakne]
schors (de)	**miza** (s)	[miza]
mos (het)	**sūna** (s)	[su:na]
ontwortelen (een boom)	**atcelmot**	[attselmɔt]
kappen (een boom ~)	**cirst**	[tsirst]
ontbossen (ww)	**izcirst**	[iztsirst]
stronk (de)	**celms** (v)	[tselms]
kampvuur (het)	**ugunskurs** (v)	[ugunskurs]
bosbrand (de)	**ugunsgrēks** (v)	[ugunsgre:ks]
blussen (ww)	**dzēst**	[dze:st]
boswachter (de)	**mežinieks** (v)	[meʒiniɛks]
bescherming (de)	**augu aizsargāšana** (s)	[augu aizsarga:ʃana]
beschermen (bijv. de natuur ~)	**dabas aizsardzība**	[dabas aizsardzi:ba]
stroper (de)	**malumednieks** (v)	[malumedniɛks]
val (de)	**lamatas** (s dsk)	[lamatas]
plukken (paddestoelen ~)	**sēņot**	[se:ɲɔt]
plukken (bessen ~)	**ogot**	[ɔgɔt]
verdwalen (de weg kwijt zijn)	**apmaldīties**	[apmaldi:tiɛs]

132. Natuurlijke hulpbronnen

natuurlijke rijkdommen (mv.)	**dabas resursi** (v dsk)	[dabas rɛsursi]
delfstoffen (mv.)	**derīgie izrakteņi** (v dsk)	[deri:giɛ izrakteɲi]
lagen (mv.)	**iegulumi** (v dsk)	[iɛgulumi]
veld (bijv. olie~)	**atradne** (s)	[atradne]
winnen (uit erts ~)	**iegūt rūdu**	[iɛgu:t ru:du]
winning (de)	**ieguve** (s)	[iɛguve]
erts (het)	**rūda** (s)	[ru:da]
mijn (bijv. kolenmijn)	**raktuve** (s)	[raktuve]
mijnschacht (de)	**šahta** (s)	[ʃaxta]
mijnwerker (de)	**ogļracis** (v)	[ɔglʲratsis]
gas (het)	**gāze** (s)	[ga:ze]

gasleiding (de)	**gāzes vads** (v)	[ga:zes vads]
olie (aardolie)	**nafta** (s)	[nafta]
olieleiding (de)	**naftas vads** (v)	[naftas vads]
oliebron (de)	**naftas tornis** (v)	[naftas tɔrnis]
boortoren (de)	**urbjtornis** (v)	[urbjtɔrnis]
tanker (de)	**tankkuģis** (v)	[tankkudʲis]
zand (het)	**smiltis** (s dsk)	[smiltis]
kalksteen (de)	**kaļķakmens** (v)	[kalʲtʲakmens]
grind (het)	**grants** (s)	[grants]
veen (het)	**kūdra** (s)	[ku:dra]
klei (de)	**māls** (v)	[ma:ls]
steenkool (de)	**ogles** (s dsk)	[ɔgles]
IJzer (het)	**dzelzs** (s)	[dzelzs]
goud (het)	**zelts** (v)	[zelts]
zilver (het)	**sudrabs** (v)	[sudrabs]
nikkel (het)	**niķelis** (v)	[nitʲelis]
koper (het)	**varš** (v)	[varʃ]
zink (het)	**cinks** (v)	[tsinks]
mangaan (het)	**mangāns** (v)	[maŋga:ns]
kwik (het)	**dzīvsudrabs** (v)	[dzi:vsudrabs]
lood (het)	**svins** (v)	[svins]
mineraal (het)	**minerāls** (v)	[minɛra:ls]
kristal (het)	**kristāls** (v)	[krista:ls]
marmer (het)	**marmors** (v)	[marmɔrs]
uraan (het)	**urāns** (v)	[ura:ns]

De Aarde. Deel 2

133. Weer

weer (het)	**laiks** (v)	[laiks]
weersvoorspelling (de)	**laika prognoze** (s)	[laika prɔgnɔze]
temperatuur (de)	**temperatūra** (s)	[tempɛratu:ra]
thermometer (de)	**termometrs** (v)	[termɔmetrs]
barometer (de)	**barometrs** (v)	[barɔmetrs]
vochtig (bn)	**mitrs**	[mitrs]
vochtigheid (de)	**mitrums** (v)	[mitrums]
hitte (de)	**tveice** (s)	[tvɛitse]
heet (bn)	**karsts**	[karsts]
het is heet	**karsts laiks**	[karsts laiks]
het is warm	**silts laiks**	[silts laiks]
warm (bn)	**silts**	[silts]
het is koud	**auksts laiks**	[auksts laiks]
koud (bn)	**auksts**	[auksts]
zon (de)	**saule** (s)	[saule]
schijnen (de zon)	**spīd saule**	[spi:d saule]
zonnig (~e dag)	**saulains**	[saulains]
opgaan (ov. de zon)	**uzlēkt**	[uzle:kt]
ondergaan (ww)	**rietēt**	[riɛte:t]
wolk (de)	**mākonis** (v)	[ma:kɔnis]
bewolkt (bn)	**mākoņains**	[ma:kɔɲains]
regenwolk (de)	**melns mākonis** (v)	[melns ma:kɔnis]
somber (bn)	**apmācies**	[apma:tsiɛs]
regen (de)	**lietus** (v)	[liɛtus]
het regent	**līst lietus**	[li:st liɛtus]
regenachtig (bn)	**lietains**	[liɛtains]
motregenen (ww)	**smidzina**	[smidzina]
plensbui (de)	**stiprs lietus** (v)	[stiprs liɛtus]
stortbui (de)	**lietusgāze** (s)	[liɛtusga:ze]
hard (bn)	**stiprs**	[stiprs]
plas (de)	**peļķe** (s)	[pelʲtʲe]
nat worden (ww)	**samirkt**	[samirkt]
mist (de)	**migla** (s)	[migla]
mistig (bn)	**miglains**	[miglains]
sneeuw (de)	**sniegs** (v)	[sniɛgs]
het sneeuwt	**krīt sniegs**	[kri:t sniɛgs]

134. Zwaar weer. Natuurrampen

noodweer (storm)	**pērkona negaiss** (v)	[pe:rkɔna nɛgais]
bliksem (de)	**zibens** (v)	[zibens]
flitsen (ww)	**zibēt**	[zibe:t]
donder (de)	**pērkons** (v)	[pe:rkɔns]
donderen (ww)	**dārdēt**	[da:rde:t]
het dondert	**dārd pērkons**	[da:rd pe:rkɔns]
hagel (de)	**krusa** (s)	[krusa]
het hagelt	**krīt krusa**	[kri:t krusa]
overstromen (ww)	**appludināt**	[appludina:t]
overstroming (de)	**ūdens plūdi** (v dsk)	[u:dens plu:di]
aardbeving (de)	**zemestrīce** (s)	[zɛmestri:tse]
aardschok (de)	**trieciens** (v)	[triɛtsiɛns]
epicentrum (het)	**epicentrs** (v)	[epitsentrs]
uitbarsting (de)	**izvirdums** (v)	[izvirdums]
lava (de)	**lava** (s)	[lava]
wervelwind (de)	**virpuļvētra** (s)	[virpulʲve:tra]
windhoos (de)	**tornado** (v)	[tɔrnadɔ]
tyfoon (de)	**taifūns** (v)	[taifu:ns]
orkaan (de)	**viesulis** (v)	[viɛsulis]
storm (de)	**vētra** (s)	[ve:tra]
tsunami (de)	**cunami** (v)	[tsunami]
cycloon (de)	**ciklons** (v)	[tsiklɔns]
onweer (het)	**slikts laiks** (v)	[slikts laiks]
brand (de)	**ugunsgrēks** (v)	[ugunsgre:ks]
ramp (de)	**katastrofa** (s)	[katastrɔfa]
meteoriet (de)	**meteorīts** (v)	[mɛteɔri:ts]
lawine (de)	**lavīna** (s)	[lavi:na]
sneeuwverschuiving (de)	**sniega gāze** (s)	[sniɛga ga:ze]
sneeuwjacht (de)	**sniegputenis** (v)	[sniɛgputenis]
sneeuwstorm (de)	**sniega vētra** (s)	[sniɛga ve:tra]

Fauna

135. Zoogdieren. Roofdieren

roofdier (het)	**plēsoņa** (s)	[ple:sɔɲa]
tijger (de)	**tīģeris** (v)	[ti:dʲeris]
leeuw (de)	**lauva** (s)	[lauva]
wolf (de)	**vilks** (v)	[vilks]
vos (de)	**lapsa** (s)	[lapsa]
jaguar (de)	**jaguārs** (v)	[jagua:rs]
luipaard (de)	**leopards** (v)	[leɔpards]
jachtluipaard (de)	**gepards** (v)	[gɛpards]
panter (de)	**pantera** (s)	[pantɛra]
poema (de)	**puma** (s)	[puma]
sneeuwluipaard (de)	**sniega leopards** (v)	[sniɛga leɔpards]
lynx (de)	**lūsis** (v)	[lu:sis]
coyote (de)	**koijots** (v)	[kɔijɔts]
jakhals (de)	**šakālis** (v)	[ʃaka:lis]
hyena (de)	**hiēna** (s)	[xiɛ:na]

136. Wilde dieren

dier (het)	**dzīvnieks** (v)	[dzi:vniɛks]
beest (het)	**zvērs** (v)	[zvɛ:rs]
eekhoorn (de)	**vāvere** (s)	[va:vɛre]
egel (de)	**ezis** (v)	[ɛzis]
haas (de)	**zaķis** (v)	[zatʲis]
konijn (het)	**trusis** (v)	[trusis]
das (de)	**āpsis** (v)	[a:psis]
wasbeer (de)	**jenots** (v)	[jenɔts]
hamster (de)	**kāmis** (v)	[ka:mis]
marmot (de)	**murkšķis** (v)	[murkʃtʲis]
mol (de)	**kurmis** (v)	[kurmis]
muis (de)	**pele** (s)	[pɛle]
rat (de)	**žurka** (s)	[ʒurka]
vleermuis (de)	**sikspārnis** (v)	[sikspa:rnis]
hermelijn (de)	**sermulis** (v)	[sermulis]
sabeldier (het)	**sabulis** (v)	[sabulis]
marter (de)	**cauna** (s)	[tsauna]
wezel (de)	**zebiekste** (s)	[zebiɛkste]
nerts (de)	**ūdele** (s)	[u:dɛle]

bever (de)	**bebrs** (v)	[bebrs]
otter (de)	**ūdrs** (v)	[u:drs]
paard (het)	**zirgs** (v)	[zirgs]
eland (de)	**alnis** (v)	[alnis]
hert (het)	**briedis** (v)	[briɛdis]
kameel (de)	**kamielis** (v)	[kamiɛlis]
bizon (de)	**bizons** (v)	[bizɔns]
oeros (de)	**sumbrs** (v)	[sumbrs]
buffel (de)	**bifelis** (v)	[bifelis]
zebra (de)	**zebra** (s)	[zebra]
antilope (de)	**antilope** (s)	[antilɔpe]
ree (de)	**stirna** (s)	[stirna]
damhert (het)	**dambriedis** (v)	[dambriɛdis]
gems (de)	**kalnu kaza** (s)	[kalnu kaza]
everzwijn (het)	**mežacūka** (s)	[meʒatsu:ka]
walvis (de)	**valis** (v)	[valis]
rob (de)	**ronis** (v)	[rɔnis]
walrus (de)	**valzirgs** (v)	[valzirgs]
zeehond (de)	**kotiks** (v)	[kɔtiks]
dolfijn (de)	**delfīns** (v)	[delfi:ns]
beer (de)	**lācis** (v)	[la:tsis]
IJsbeer (de)	**baltais lācis** (v)	[baltais la:tsis]
panda (de)	**panda** (s)	[panda]
aap (de)	**pērtiķis** (v)	[pe:rtitʲis]
chimpansee (de)	**šimpanze** (s)	[ʃimpanze]
orang-oetan (de)	**orangutāns** (v)	[ɔraŋguta:ns]
gorilla (de)	**gorilla** (s)	[gɔrilla]
makaak (de)	**makaks** (v)	[makaks]
gibbon (de)	**gibons** (v)	[gibɔns]
olifant (de)	**zilonis** (v)	[zilɔnis]
neushoorn (de)	**degunradzis** (v)	[dɛgunradzis]
giraffe (de)	**žirafe** (s)	[ʒirafe]
nijlpaard (het)	**nīlzirgs** (v)	[ni:lzirgs]
kangoeroe (de)	**ķengurs** (v)	[tʲeŋgurs]
koala (de)	**koala** (s)	[kɔala]
mangoest (de)	**mangusts** (v)	[maŋgusts]
chinchilla (de)	**šinšilla** (s)	[ʃinʃilla]
stinkdier (het)	**skunkss** (v)	[skunks]
stekelvarken (het)	**dzeloņcūka** (s)	[dzelɔɲtsu:ka]

137. Huisdieren

poes (de)	**kaķis** (v)	[katʲis]
kater (de)	**runcis** (v)	[runtsis]
hond (de)	**suns** (v)	[suns]

paard (het)	**zirgs** (v)	[zirgs]
hengst (de)	**ērzelis** (v)	[e:rzelis]
merrie (de)	**ķēve** (s)	[tʲɛ:ve]
koe (de)	**govs** (s)	[gɔvs]
stier (de)	**bullis** (v)	[bullis]
os (de)	**vērsis** (v)	[vɛ:rsis]
schaap (het)	**aita** (s)	[aita]
ram (de)	**auns** (v)	[auns]
geit (de)	**kaza** (s)	[kaza]
bok (de)	**āzis** (v)	[a:zis]
ezel (de)	**ēzelis** (v)	[ɛ:zelis]
muilezel (de)	**mūlis** (v)	[mu:lis]
varken (het)	**cūka** (s)	[tsu:ka]
biggetje (het)	**sivēns** (v)	[sive:ns]
konijn (het)	**trusis** (v)	[trusis]
kip (de)	**vista** (s)	[vista]
haan (de)	**gailis** (v)	[gailis]
eend (de)	**pīle** (s)	[pi:le]
woerd (de)	**pīļtēviņš** (v)	[pi:lʲte:viɲʃ]
gans (de)	**zoss** (s)	[zɔs]
kalkoen haan (de)	**tītars** (v)	[ti:tars]
kalkoen (de)	**tītaru mātīte** (s)	[ti:taru ma:ti:te]
huisdieren (mv.)	**mājdzīvnieki** (v dsk)	[ma:jdzi:vniɛki]
tam (bijv. hamster)	**pieradināts**	[piɛradina:ts]
temmen (tam maken)	**pieradināt**	[piɛradina:t]
fokken (bijv. paarden ~)	**audzēt**	[audze:t]
boerderij (de)	**saimniecība** (s)	[saimniɛtsi:ba]
gevogelte (het)	**mājputni** (v dsk)	[ma:jputni]
rundvee (het)	**liellopi** (v dsk)	[liɛllɔpi]
kudde (de)	**ganāmpulks** (v)	[gana:mpulks]
paardenstal (de)	**zirgu stallis** (v)	[zirgu stallis]
zwijnenstal (de)	**cūkkūts** (s)	[tsu:kku:ts]
koeienstal (de)	**kūts** (s)	[ku:ts]
konijnenhok (het)	**trušu būda** (s)	[truʃu bu:da]
kippenhok (het)	**vistu kūts** (s)	[vistu ku:ts]

138. Vogels

vogel (de)	**putns** (v)	[putns]
duif (de)	**balodis** (v)	[balɔdis]
mus (de)	**zvirbulis** (v)	[zvirbulis]
koolmees (de)	**zīlīte** (s)	[zi:li:te]
ekster (de)	**žagata** (s)	[ʒagata]
raaf (de)	**krauklis** (v)	[krauklis]

kraai (de)	**vārna** (s)	[va:rna]
kauw (de)	**kovārnis** (v)	[kɔva:rnis]
roek (de)	**kraukis** (v)	[kraut'is]
eend (de)	**pīle** (s)	[pi:le]
gans (de)	**zoss** (s)	[zɔs]
fazant (de)	**fazāns** (v)	[faza:ns]
arend (de)	**ērglis** (v)	[e:rglis]
havik (de)	**vanags** (v)	[vanags]
valk (de)	**piekūns** (v)	[piɛku:ns]
gier (de)	**grifs** (v)	[grifs]
condor (de)	**kondors** (v)	[kɔndɔrs]
zwaan (de)	**gulbis** (v)	[gulbis]
kraanvogel (de)	**dzērve** (s)	[dze:rve]
ooievaar (de)	**stārķis** (v)	[sta:rt'is]
papegaai (de)	**papagailis** (v)	[papagailis]
kolibrie (de)	**kolibri** (v)	[kɔlibri]
pauw (de)	**pāvs** (v)	[pa:vs]
struisvogel (de)	**strauss** (v)	[straus]
reiger (de)	**gārnis** (v)	[ga:rnis]
flamingo (de)	**flamings** (v)	[flamiŋgs]
pelikaan (de)	**pelikāns** (v)	[pelika:ns]
nachtegaal (de)	**lakstīgala** (s)	[laksti:gala]
zwaluw (de)	**bezdelīga** (s)	[bezdeli:ga]
lijster (de)	**strazds** (v)	[strazds]
zanglijster (de)	**dziedātājstrazds** (v)	[dziɛda:ta:jstrazds]
merel (de)	**melnais strazds** (v)	[melnais strazds]
gierzwaluw (de)	**svīre** (s)	[svi:re]
leeuwerik (de)	**cīrulis** (v)	[tsi:rulis]
kwartel (de)	**paipala** (s)	[paipala]
specht (de)	**dzenis** (v)	[dzenis]
koekoek (de)	**dzeguze** (s)	[dzɛguze]
uil (de)	**pūce** (s)	[pu:tse]
oehoe (de)	**ūpis** (v)	[u:pis]
auerhoen (het)	**mednis** (v)	[mednis]
korhoen (het)	**rubenis** (v)	[rubenis]
patrijs (de)	**irbe** (s)	[irbe]
spreeuw (de)	**mājas strazds** (v)	[ma:jas strazds]
kanarie (de)	**kanārijputniņš** (v)	[kana:rijputniɲʃ]
hazelhoen (het)	**meža irbe** (s)	[meʒa irbe]
vink (de)	**žubīte** (s)	[ʒubi:te]
goudvink (de)	**svilpis** (v)	[svilpis]
meeuw (de)	**kaija** (s)	[kaija]
albatros (de)	**albatross** (v)	[albatrɔs]
pinguïn (de)	**pingvīns** (v)	[piŋgvi:ns]

139. Vis. Zeedieren

brasem (de)	**plaudis** (v)	[plaudis]
karper (de)	**karpa** (s)	[karpa]
baars (de)	**asaris** (v)	[asaris]
meerval (de)	**sams** (v)	[sams]
snoek (de)	**līdaka** (s)	[li:daka]
zalm (de)	**lasis** (v)	[lasis]
steur (de)	**store** (s)	[stɔre]
haring (de)	**siļķe** (s)	[silʲtʲe]
atlantische zalm (de)	**lasis** (v)	[lasis]
makreel (de)	**skumbrija** (s)	[skumbrija]
platvis (de)	**bute** (s)	[bute]
snoekbaars (de)	**zandarts** (v)	[zandarts]
kabeljauw (de)	**menca** (s)	[mentsa]
tonijn (de)	**tuncis** (v)	[tuntsis]
forel (de)	**forele** (s)	[fɔrɛle]
paling (de)	**zutis** (v)	[zutis]
sidderrog (de)	**elektriskā raja** (s)	[ɛlektriska: raja]
murene (de)	**murēna** (s)	[murɛ:na]
piranha (de)	**piraija** (s)	[piraija]
haai (de)	**haizivs** (s)	[xaizivs]
dolfijn (de)	**delfīns** (v)	[delfi:ns]
walvis (de)	**valis** (v)	[valis]
krab (de)	**krabis** (v)	[krabis]
kwal (de)	**medūza** (s)	[mɛdu:za]
octopus (de)	**astoņkājis** (v)	[astɔɲka:jis]
zeester (de)	**jūras zvaigzne** (s)	[ju:ras zvaigzne]
zee-egel (de)	**jūras ezis** (v)	[ju:ras ezis]
zeepaardje (het)	**jūras zirdziņš** (v)	[ju:ras zirdziɲʃ]
oester (de)	**austere** (s)	[austɛre]
garnaal (de)	**garnele** (s)	[garnɛle]
kreeft (de)	**omārs** (v)	[ɔma:rs]
langoest (de)	**langusts** (v)	[laŋgusts]

140. Amfibieën. Reptielen

slang (de)	**čūska** (s)	[tʃu:ska]
giftig (slang)	**indīga**	[indi:ga]
adder (de)	**odze** (s)	[ɔdze]
cobra (de)	**kobra** (s)	[kɔbra]
python (de)	**pitons** (v)	[pitɔns]
boa (de)	**žņaudzējčūska** (s)	[ʒɲaudze:jtʃu:ska]
ringslang (de)	**zalktis** (v)	[zalktis]

ratelslang (de)	**klaburčūska** (s)	[klaburtʃu:ska]
anaconda (de)	**anakonda** (s)	[anakɔnda]
hagedis (de)	**ķirzaka** (s)	[tʲirzaka]
leguaan (de)	**iguāna** (s)	[igua:na]
varaan (de)	**varāns** (v)	[vara:ns]
salamander (de)	**salamandra** (s)	[salamandra]
kameleon (de)	**hameleons** (v)	[xamɛleɔns]
schorpioen (de)	**skorpions** (v)	[skɔrpiɔns]
schildpad (de)	**bruņurupucis** (v)	[bruɲuruputsis]
kikker (de)	**varde** (s)	[varde]
pad (de)	**krupis** (v)	[krupis]
krokodil (de)	**krokodils** (v)	[krɔkɔdils]

141. Insecten

insect (het)	**kukainis** (v)	[kukainis]
vlinder (de)	**taurenis** (v)	[taurenis]
mier (de)	**skudra** (s)	[skudra]
vlieg (de)	**muša** (s)	[muʃa]
mug (de)	**ods** (v)	[ɔds]
kever (de)	**vabole** (s)	[vabɔle]
wesp (de)	**lapsene** (s)	[lapsɛne]
bij (de)	**bite** (s)	[bite]
hommel (de)	**kamene** (s)	[kamɛne]
horzel (de)	**dundurs** (v)	[dundurs]
spin (de)	**zirneklis** (v)	[zirneklis]
spinnenweb (het)	**zirnekļtīkls** (v)	[zirneklʲti:kls]
libel (de)	**spāre** (s)	[spa:re]
sprinkhaan (de)	**sienāzis** (v)	[siɛna:zis]
nachtvlinder (de)	**tauriņš** (v)	[tauriɲʃ]
kakkerlak (de)	**prusaks** (v)	[prusaks]
mijt (de)	**ērce** (s)	[e:rtse]
vlo (de)	**blusa** (s)	[blusa]
kriebelmug (de)	**knislis** (v)	[knislis]
treksprinkhaan (de)	**sisenis** (v)	[sisenis]
slak (de)	**gliemezis** (v)	[gliɛmezis]
krekel (de)	**circenis** (v)	[tsirtsenis]
glimworm (de)	**jāņtārpiņš** (v)	[ja:ɲta:rpiɲʃ]
lieveheersbeestje (het)	**mārīte** (s)	[ma:ri:te]
meikever (de)	**maijvabole** (s)	[maijvabɔle]
bloedzuiger (de)	**dēle** (s)	[dɛ:le]
rups (de)	**kāpurs** (v)	[ka:purs]
aardworm (de)	**tārps** (v)	[ta:rps]
larve (de)	**kāpurs** (v)	[ka:purs]

Flora

142. Bomen

boom (de)	**koks** (v)	[kɔks]
loof- (abn)	**lapu koks**	[lapu kɔks]
dennen- (abn)	**skujkoks**	[skujkɔks]
groenblijvend (bn)	**mūžzaļš**	[mu:ʒzalʲʃ]
appelboom (de)	**ābele** (s)	[a:bɛle]
perenboom (de)	**bumbiere** (s)	[bumbiɛre]
zoete kers (de)	**saldais ķirsis** (v)	[saldais tʲirsis]
zure kers (de)	**skābais ķirsis** (v)	[ska:bais tʲirsis]
pruimelaar (de)	**plūme** (s)	[plu:me]
berk (de)	**bērzs** (v)	[be:rzs]
eik (de)	**ozols** (v)	[ɔzɔls]
linde (de)	**liepa** (s)	[liɛpa]
esp (de)	**apse** (s)	[apse]
esdoorn (de)	**kļava** (s)	[klʲava]
spar (de)	**egle** (s)	[egle]
den (de)	**priede** (s)	[priɛde]
lariks (de)	**lapegle** (s)	[lapegle]
zilverspar (de)	**dižegle** (s)	[diʒegle]
ceder (de)	**ciedrs** (v)	[tsiɛdrs]
populier (de)	**papele** (s)	[papɛle]
lijsterbes (de)	**pīlādzis** (v)	[pi:la:dzis]
wilg (de)	**vītols** (v)	[vi:tɔls]
els (de)	**alksnis** (v)	[alksnis]
beuk (de)	**dižskābardis** (v)	[diʒska:bardis]
iep (de)	**vīksna** (s)	[vi:ksna]
es (de)	**osis** (v)	[ɔsis]
kastanje (de)	**kastaņa** (s)	[kastaɲa]
magnolia (de)	**magnolija** (s)	[magnɔlija]
palm (de)	**palma** (s)	[palma]
cipres (de)	**ciprese** (s)	[tsiprɛse]
mangrove (de)	**mango koks** (v)	[maŋgɔ kɔks]
baobab (apenbroodboom)	**baobabs** (v)	[baɔbabs]
eucalyptus (de)	**eikalipts** (v)	[ɛikalipts]
mammoetboom (de)	**sekvoja** (s)	[sekvɔja]

143. Heesters

struik (de)	**Krūms** (v)	[kru:ms]
heester (de)	**krūmājs** (v)	[kru:ma:js]

wijnstok (de)	**vīnogas** (v)	[vi:nɔgas]
wijngaard (de)	**vīnogulājs** (v)	[vi:nɔgula:js]
frambozenstruik (de)	**avenājs** (v)	[avɛna:js]
zwarte bes (de)	**upeņu krūms** (v)	[upɛɲu kru:ms]
rode bessenstruik (de)	**sarkano jāņogu krūms** (v)	[sarkanɔ ja:ɲɔgu kru:ms]
kruisbessenstruik (de)	**ērkšķogu krūms** (v)	[e:rkʃtʲɔgu kru:ms]
acacia (de)	**akācija** (s)	[aka:tsija]
zuurbes (de)	**bārbele** (s)	[ba:rbɛle]
jasmijn (de)	**jasmīns** (v)	[jasmi:ns]
jeneverbes (de)	**kadiķis** (v)	[kaditʲis]
rozenstruik (de)	**rožu krūms** (v)	[rɔʒu kru:ms]
hondsroos (de)	**mežroze** (s)	[meʒrɔze]

144. Vruchten. Bessen

vrucht (de)	**auglis** (v)	[auglis]
vruchten (mv.)	**augļi** (v dsk)	[auglʲi]
appel (de)	**ābols** (v)	[a:bɔls]
peer (de)	**bumbieris** (v)	[bumbiɛris]
pruim (de)	**plūme** (s)	[plu:me]
aardbei (de)	**zemene** (s)	[zɛmɛne]
zure kers (de)	**skābais ķirsis** (v)	[ska:bais tʲirsis]
zoete kers (de)	**saldais ķirsis** (v)	[saldais tʲirsis]
druif (de)	**vīnoga** (s)	[vi:nɔga]
framboos (de)	**avene** (s)	[avɛne]
zwarte bes (de)	**upene** (s)	[upɛne]
rode bes (de)	**sarkanā jāņoga** (s)	[sarkana: ja:ɲɔga]
kruisbes (de)	**ērkšķoga** (s)	[e:rkʃtʲɔga]
veenbes (de)	**dzērvene** (s)	[dze:rvɛne]
sinaasappel (de)	**apelsīns** (v)	[apɛlsi:ns]
mandarijn (de)	**mandarīns** (v)	[mandari:ns]
ananas (de)	**ananāss** (v)	[anana:s]
banaan (de)	**banāns** (v)	[bana:ns]
dadel (de)	**datele** (s)	[datɛle]
citroen (de)	**citrons** (v)	[tsitrɔns]
abrikoos (de)	**aprikoze** (s)	[aprikɔze]
perzik (de)	**persiks** (v)	[pɛrsiks]
kiwi (de)	**kivi** (v)	[kivi]
grapefruit (de)	**greipfrūts** (v)	[grɛipfru:ts]
bes (de)	**oga** (s)	[ɔga]
bessen (mv.)	**ogas** (s dsk)	[ɔgas]
vossenbes (de)	**brūklene** (s)	[bru:klɛne]
bosaardbei (de)	**meža zemene** (s)	[meʒa zɛmɛne]
bosbes (de)	**mellene** (s)	[mellɛne]

145. Bloemen. Planten

bloem (de)	**zieds** (v)	[ziɛds]
boeket (het)	**ziedu pušķis** (v)	[ziɛdu puʃtʲis]
roos (de)	**roze** (s)	[rɔze]
tulp (de)	**tulpe** (s)	[tulpe]
anjer (de)	**neļķe** (s)	[nelʲtʲe]
gladiool (de)	**gladiola** (s)	[gladiɔla]
korenbloem (de)	**rudzupuķīte** (s)	[rudzuputʲi:te]
klokje (het)	**pulkstenīte** (s)	[pulksteni:te]
paardenbloem (de)	**pienenīte** (s)	[piɛneni:te]
kamille (de)	**kumelīte** (s)	[kumeli:te]
aloë (de)	**alveja** (s)	[alveja]
cactus (de)	**kaktuss** (v)	[kaktus]
ficus (de)	**gumijkoks** (v)	[gumijkɔks]
lelie (de)	**lilija** (s)	[lilija]
geranium (de)	**ģerānija** (s)	[dʲɛra:nija]
hyacint (de)	**hiacinte** (s)	[xiatsinte]
mimosa (de)	**mimoza** (s)	[mimɔza]
narcis (de)	**narcise** (s)	[nartsise]
Oostindische kers (de)	**krese** (s)	[krɛse]
orchidee (de)	**orhideja** (s)	[ɔrxideja]
pioenroos (de)	**pujene** (s)	[pujene]
viooltje (het)	**vijolīte** (s)	[vijɔli:te]
driekleurig viooltje (het)	**atraitnītes** (s dsk)	[atraitni:tes]
vergeet-mij-nietje (het)	**neaizmirstule** (s)	[neaizmirstule]
madeliefje (het)	**margrietiņa** (s)	[margriɛtiɲa]
papaver (de)	**magone** (s)	[magɔne]
hennep (de)	**kaņepe** (s)	[kaɲɛpe]
munt (de)	**mētra** (s)	[me:tra]
lelietje-van-dalen (het)	**maijpuķīte** (s)	[maijputʲi:te]
sneeuwklokje (het)	**sniegpulkstenīte** (s)	[sniɛgpulksteni:te]
brandnetel (de)	**nātre** (s)	[na:tre]
veldzuring (de)	**skābene** (s)	[ska:bɛne]
waterlelie (de)	**ūdensroze** (s)	[u:densrɔze]
varen (de)	**paparde** (s)	[paparde]
korstmos (het)	**ķērpis** (v)	[tʲe:rpis]
oranjerie (de)	**oranžērija** (s)	[ɔranʒe:rija]
gazon (het)	**zālājs** (v)	[za:la:js]
bloemperk (het)	**puķu dobe** (s)	[putʲu dɔbe]
plant (de)	**augs** (v)	[augs]
gras (het)	**zāle** (s)	[za:le]
grasspriet (de)	**zālīte** (s)	[za:li:te]

blad (het)	**lapa** (s)	[lapa]
bloemblad (het)	**lapiņa** (s)	[lapiɲa]
stengel (de)	**stiebrs** (v)	[stiɛbrs]
knol (de)	**bumbulis** (v)	[bumbulis]
scheut (de)	**dīglis** (v)	[di:glis]
doorn (de)	**ērkšķis** (v)	[e:rkʃtʲis]
bloeien (ww)	**ziedēt**	[ziɛde:t]
verwelken (ww)	**novīt**	[nɔvi:t]
geur (de)	**smarža** (s)	[smarʒa]
snijden (bijv. bloemen ~)	**nogriezt**	[nɔgriɛzt]
plukken (bloemen ~)	**noplūkt**	[nɔplu:kt]

146. Granen, graankorrels

graan (het)	**graudi** (v dsk)	[graudi]
graangewassen (mv.)	**graudaugi** (v dsk)	[graudaugi]
aar (de)	**vārpa** (s)	[va:rpa]
tarwe (de)	**kvieši** (v dsk)	[kviɛʃi]
rogge (de)	**rudzi** (v dsk)	[rudzi]
haver (de)	**auzas** (s dsk)	[auzas]
gierst (de)	**prosa** (s)	[prɔsa]
gerst (de)	**mieži** (v dsk)	[miɛʒi]
maïs (de)	**kukurūza** (s)	[kukuru:za]
rijst (de)	**rīsi** (v dsk)	[ri:si]
boekweit (de)	**griķi** (v dsk)	[gritʲi]
erwt (de)	**zirnis** (v)	[zirnis]
boon (de)	**pupiņas** (s dsk)	[pupiɲas]
soja (de)	**soja** (s)	[sɔja]
linze (de)	**lēcas** (s dsk)	[le:tsas]
bonen (mv.)	**pupas** (s dsk)	[pupas]

LANDEN. NATIONALITEITEN

147. West-Europa

Europa (het)	**Eiropa** (s)	[ɛirɔpa]
Europese Unie (de)	**Eiropas Savienība** (s)	[ɛirɔpas saviɛni:ba]
Oostenrijk (het)	**Austrija** (s)	[austrija]
Groot-Brittannië (het)	**Lielbritānija** (s)	[liɛlbrita:nija]
Engeland (het)	**Anglija** (s)	[aŋglija]
België (het)	**Beļģija** (s)	[belʲdʲija]
Duitsland (het)	**Vācija** (s)	[va:tsija]
Nederland (het)	**Nīderlande** (s)	[ni:derlande]
Holland (het)	**Holande** (s)	[xɔlande]
Griekenland (het)	**Grieķija** (s)	[griɛtʲija]
Denemarken (het)	**Dānija** (s)	[da:nija]
Ierland (het)	**Īrija** (s)	[i:rija]
IJsland (het)	**Īslande** (s)	[i:slande]
Spanje (het)	**Spānija** (s)	[spa:nija]
Italië (het)	**Itālija** (s)	[ita:lija]
Cyprus (het)	**Kipra** (s)	[kipra]
Malta (het)	**Malta** (s)	[malta]
Noorwegen (het)	**Norvēģija** (s)	[nɔrve:dʲija]
Portugal (het)	**Portugāle** (s)	[pɔrtuga:le]
Finland (het)	**Somija** (s)	[sɔmija]
Frankrijk (het)	**Francija** (s)	[frantsija]
Zweden (het)	**Zviedrija** (s)	[zviɛdrija]
Zwitserland (het)	**Šveice** (s)	[ʃvɛitse]
Schotland (het)	**Skotija** (s)	[skɔtija]
Vaticaanstad (de)	**Vatikāns** (v)	[vatika:ns]
Liechtenstein (het)	**Lihtenšteina** (s)	[lixtenʃtɛina]
Luxemburg (het)	**Luksemburga** (s)	[luksemburga]
Monaco (het)	**Monako** (s)	[mɔnakɔ]

148. Centraal- en Oost-Europa

Albanië (het)	**Albānija** (s)	[alba:nija]
Bulgarije (het)	**Bulgārija** (s)	[bulga:rija]
Hongarije (het)	**Ungārija** (s)	[uŋga:rija]
Letland (het)	**Latvija** (s)	[latvija]
Litouwen (het)	**Lietuva** (s)	[liɛtuva]
Polen (het)	**Polija** (s)	[pɔlija]

Roemenië (het)	**Rumānija** (s)	[ruma:nija]
Servië (het)	**Serbija** (s)	[serbija]
Slowakije (het)	**Slovākija** (s)	[slɔva:kija]
Kroatië (het)	**Horvātija** (s)	[xɔrva:tija]
Tsjechië (het)	**Čehija** (s)	[tʃexija]
Estland (het)	**Igaunija** (s)	[igaunija]
Bosnië en Herzegovina (het)	**Bosnija un Hercegovina** (s)	[bɔsnija un xertsegɔvina]
Macedonië (het)	**Maķedonija** (s)	[matʲedɔnija]
Slovenië (het)	**Slovēnija** (s)	[slɔve:nija]
Montenegro (het)	**Melnkalne** (s)	[melnkalne]

149. Voormalige USSR landen

Azerbeidzjan (het)	**Azerbaidžāna** (s)	[azerbaidʒa:na]
Armenië (het)	**Armēnija** (s)	[arme:nija]
Wit-Rusland (het)	**Baltkrievija** (s)	[baltkriɛvija]
Georgië (het)	**Gruzija** (s)	[gruzija]
Kazakstan (het)	**Kazahstāna** (s)	[kazaxsta:na]
Kirgizië (het)	**Kirgizstāna** (s)	[kirgizsta:na]
Moldavië (het)	**Moldova** (s)	[mɔldɔva]
Rusland (het)	**Krievija** (s)	[kriɛvija]
Oekraïne (het)	**Ukraina** (s)	[ukraina]
Tadzjikistan (het)	**Tadžikistāna** (s)	[tadʒikista:na]
Turkmenistan (het)	**Turkmenistāna** (s)	[turkmenista:na]
Oezbekistan (het)	**Uzbekistāna** (s)	[uzbekista:na]

150. Azië

Azië (het)	**Āzija** (s)	[a:zija]
Vietnam (het)	**Vjetnama** (s)	[vjetnama]
India (het)	**Indija** (s)	[indija]
Israël (het)	**Izraēla** (s)	[izraɛ:la]
China (het)	**Ķīna** (s)	[tʲi:na]
Libanon (het)	**Libāna** (s)	[liba:na]
Mongolië (het)	**Mongolija** (s)	[mɔŋgɔlija]
Maleisië (het)	**Malaizija** (s)	[malaizija]
Pakistan (het)	**Pakistāna** (s)	[pakista:na]
Saoedi-Arabië (het)	**Saūda Arābija** (s)	[sau:da ara:bija]
Thailand (het)	**Taizeme** (s)	[taizɛme]
Taiwan (het)	**Taivāna** (s)	[taiva:na]
Turkije (het)	**Turcija** (s)	[turtsija]
Japan (het)	**Japāna** (s)	[japa:na]
Afghanistan (het)	**Afganistāna** (s)	[afganista:na]
Bangladesh (het)	**Bangladeša** (s)	[baŋgladeʃa]

Indonesië (het)	**Indonēzija** (s)	[indɔne:zija]
Jordanië (het)	**Jordānija** (s)	[jɔrda:nija]
Irak (het)	**Irāka** (s)	[ira:ka]
Iran (het)	**Irāna** (s)	[ira:na]
Cambodja (het)	**Kambodža** (s)	[kambɔdʒa]
Koeweit (het)	**Kuveita** (s)	[kuvɛita]
Laos (het)	**Laosa** (s)	[laɔsa]
Myanmar (het)	**Mjanma** (s)	[mjanma]
Nepal (het)	**Nepāla** (s)	[nɛpa:la]
Verenigde Arabische Emiraten	**Apvienotie Arābu Emirāti** (v dsk)	[apviɛnɔtiɛ ara:bu emira:ti]
Syrië (het)	**Sīrija** (s)	[si:rija]
Palestijnse autonomie (de)	**Palestīna** (s)	[palesti:na]
Zuid-Korea (het)	**Dienvidkoreja** (s)	[diɛnvidkɔreja]
Noord-Korea (het)	**Ziemeļkoreja** (s)	[ziɛmelʲkɔreja]

151. Noord-Amerika

Verenigde Staten van Amerika	**Amerikas Savienotās Valstis** (s dsk)	[amerikas saviɛnɔta:s valstis]
Canada (het)	**Kanāda** (s)	[kana:da]
Mexico (het)	**Meksika** (s)	[meksika]

152. Midden- en Zuid-Amerika

Argentinië (het)	**Argentīna** (s)	[argenti:na]
Brazilië (het)	**Brazīlija** (s)	[brazi:lija]
Colombia (het)	**Kolumbija** (s)	[kɔlumbija]
Cuba (het)	**Kuba** (s)	[kuba]
Chili (het)	**Čīle** (s)	[tʃi:le]
Bolivia (het)	**Bolīvija** (s)	[bɔli:vija]
Venezuela (het)	**Venecuēla** (s)	[vɛnetsuɛ:la]
Paraguay (het)	**Paragvaja** (s)	[paragvaja]
Peru (het)	**Peru** (v)	[pɛru]
Suriname (het)	**Surinama** (s)	[surinama]
Uruguay (het)	**Urugvaja** (s)	[urugvaja]
Ecuador (het)	**Ekvadora** (s)	[ekvadɔra]
Bahama's (mv.)	**Bahamu salas** (s dsk)	[baxamu salas]
Haïti (het)	**Haiti** (v)	[xaiti]
Dominicaanse Republiek (de)	**Dominikas Republika** (s)	[dɔminikas rɛpublika]
Panama (het)	**Panama** (s)	[panama]
Jamaica (het)	**Jamaika** (s)	[jamaika]

153. Afrika

Egypte (het)	**Ēģipte** (s)	[e:dʲipte]
Marokko (het)	**Maroka** (s)	[marɔka]
Tunesië (het)	**Tunisija** (s)	[tunisija]
Ghana (het)	**Gana** (s)	[gana]
Zanzibar (het)	**Zanzibāra** (s)	[zanziba:ra]
Kenia (het)	**Kenija** (s)	[kenija]
Libië (het)	**Lībija** (s)	[li:bija]
Madagaskar (het)	**Madagaskara** (s)	[madagaskara]
Namibië (het)	**Namībija** (s)	[nami:bija]
Senegal (het)	**Senegāla** (s)	[senεga:la]
Tanzania (het)	**Tanzānija** (s)	[tanza:nija]
Zuid-Afrika (het)	**Dienvidāfrikas Republika** (s)	[diεnvida:frikas rεpublika]

154. Australië. Oceanië

Australië (het)	**Austrālija** (s)	[austra:lija]
Nieuw-Zeeland (het)	**Jaunzēlande** (s)	[jaunzε:lande]
Tasmanië (het)	**Tasmānija** (s)	[tasma:nija]
Frans-Polynesië	**Franču Polinēzija** (s)	[frantʃu pɔline:zija]

155. Steden

Amsterdam	**Amsterdama** (s)	[amsterdama]
Ankara	**Ankara** (s)	[ankara]
Athene	**Atēnas** (s dsk)	[atε:nas]
Bagdad	**Bagdāde** (s)	[bagda:de]
Bangkok	**Bangkoka** (s)	[baŋgkɔka]
Barcelona	**Barselona** (s)	[barselɔna]
Beiroet	**Beiruta** (s)	[bεiruta]
Berlijn	**Berlīne** (s)	[berli:ne]
Boedapest	**Budapešta** (s)	[budapeʃta]
Boekarest	**Bukareste** (s)	[bukareste]
Bombay, Mumbai	**Bombeja** (s)	[bɔmbeja]
Bonn	**Bonna** (s)	[bɔnna]
Bordeaux	**Bordo** (s)	[bɔrdɔ]
Bratislava	**Bratislava** (s)	[bratislava]
Brussel	**Brisele** (s)	[brisεle]
Caïro	**Kaira** (s)	[kaira]
Calcutta	**Kalkuta** (s)	[kalkuta]
Chicago	**Čikāga** (s)	[tʃika:ga]
Dar Es Salaam	**Daresalāma** (s)	[darεsala:ma]
Delhi	**Deli** (s)	[deli]
Den Haag	**Hāga** (s)	[xa:ga]

Dubai	**Dubaija** (s)	[dubaija]
Dublin	**Dublina** (s)	[dublina]
Düsseldorf	**Diseldorfa** (s)	[diseldɔrfa]
Florence	**Florence** (s)	[flɔrentse]
Frankfort	**Frankfurte** (s)	[frankfurte]
Genève	**Ženēva** (s)	[ʒɛnɛ:va]
Hamburg	**Hamburga** (s)	[xamburga]
Hanoi	**Hanoja** (s)	[xanɔja]
Havana	**Havana** (s)	[xavana]
Helsinki	**Helsinki** (v dsk)	[xɛlsinki]
Hiroshima	**Hirosima** (s)	[xirɔsima]
Hongkong	**Honkonga** (s)	[xɔnkɔŋga]
Istanbul	**Stambula** (s)	[stambula]
Jeruzalem	**Jeruzaleme** (s)	[jeruzalɛme]
Kiev	**Kijeva** (s)	[kijeva]
Kopenhagen	**Kopenhāgena** (s)	[kɔpenxa:gɛna]
Kuala Lumpur	**Kualalumpura** (s)	[kualalumpura]
Lissabon	**Lisabona** (s)	[lisabɔna]
Londen	**Londona** (s)	[lɔndɔna]
Los Angeles	**Losandželosa** (s)	[lɔsandʒelɔsa]
Lyon	**Liona** (s)	[liɔna]
Madrid	**Madride** (s)	[madride]
Marseille	**Marseļa** (s)	[marsɛlʲa]
Mexico-Stad	**Mehiko** (s)	[mexikɔ]
Miami	**Maiami** (s)	[maiami]
Montreal	**Monreāla** (s)	[mɔnrea:la]
Moskou	**Maskava** (s)	[maskava]
München	**Minhene** (s)	[minxɛne]
Nairobi	**Nairobi** (v)	[nairɔbi]
Napels	**Neapole** (s)	[neapɔle]
New York	**Ņujorka** (s)	[ɲujɔrka]
Nice	**Nica** (s)	[nitsa]
Oslo	**Oslo** (s)	[ɔslɔ]
Ottawa	**Otava** (s)	[ɔtava]
Parijs	**Parīze** (s)	[pari:ze]
Peking	**Pekina** (s)	[pekina]
Praag	**Prāga** (s)	[pra:ga]
Rio de Janeiro	**Riodeženeiro** (s)	[riɔdeʒenɛirɔ]
Rome	**Roma** (s)	[rɔma]
Seoel	**Seula** (s)	[sɛula]
Singapore	**Singapūra** (s)	[siŋgapu:ra]
Sint-Petersburg	**Sanktpēterburga** (s)	[sanktpɛ:terburga]
Sjanghai	**Šanhaja** (s)	[ʃanxaja]
Stockholm	**Stokholma** (s)	[stɔkxɔlma]
Sydney	**Sidneja** (s)	[sidneja]
Taipei	**Taipeja** (s)	[taipeja]
Tokio	**Tokija** (s)	[tɔkija]
Toronto	**Toronto** (s)	[tɔrɔntɔ]

Venetië	**Venēcija** (s)	[vɛne:tsija]
Warschau	**Varšava** (s)	[varʃava]
Washington	**Vašingtona** (s)	[vaʃiŋgtɔna]
Wenen	**Vīne** (s)	[vi:ne]

www.ingramcontent.com/pod-product-compliance
Lightning Source LLC
Chambersburg PA
CBHW070553050426
42450CB00011B/2842

* 9 7 8 1 7 8 4 9 2 3 4 7 1 *